STARK

ABITUR-WISSEN
POLITIK

Manfred Bormann

Demokratie

Grundformen und politisches System in Deutschland

STARK

ISBN 978-3-89449-506-0

aktualisierte Auflage
www.stark-verlag.de
1. Auflage 2002

Inhalt

Vorwort

Formen der Demokratie **1**
Grundstrukturen politischer Herrschaft 1
Plebiszitäre Demokratie 2
Repräsentative Demokratie 5
  Die parlamentarische Demokratie 5
  Die präsidentielle Demokratie 7
  Die Volksdemokratie 8

Entstehungsgeschichte der Demokratie **9**
Die Antike 9
  Die griechische Polis 9
  Die römische Republik 10
Das Mittelalter 11
Die Neuzeit 12
  Großbritannien 12
  USA 13
  Frankreich 13
  Verbreitung der Demokratie 14

Die parlamentarische Demokratie in Deutschland **15**
Historische Entwicklung 15
  Die Entwicklung im langen 19. Jahrhundert 15
  Die Weimarer Reichsverfassung 21
  Demokratischer Neuanfang nach dem Zweiten Weltkrieg 23
Das Grundgesetz als Basis und Rahmen 25
  Die Grundrechte 25
  Die bundesstaatliche Ordnung 29
  Die kommunale Selbstverwaltung 30
Die wichtigsten Institutionen 31
  Der Bundestag 32
  Der Bundesrat 39
  Die Bundesregierung 42

Der Bundespräsident 45
Das Bundesverfassungsgericht 47
Akteure im politischen Prozess 50
Das Volk 50
Politische Parteien 53
Interessenverbände und Vereine 63
Massenmedien und Demokratie 68
Der politische Entscheidungsprozess 72
Arten von Rechtsvorschriften 72
Der Gesetzgebungsprozess 75
Die Europäische Union und die politische Willensbildung 80

Die präsidentielle Demokratie der USA 85
Historische Grundlagen 85
Das politische System 86
Die Grundelemente des politischen Systems 86
Die wichtigsten Institutionen 87
Politische Parteien 90
Der politische Entscheidungsprozess 92

Die „Volksdemokratie" in der DDR 95
Historische Grundlagen 95
Das politische System der DDR 96
Der Marxismus-Leninismus als ideologische Basis 96
Die SED als führende Partei 97
Die Staatsorgane als verlängerter Arm der SED 98
Der Ministerrat 100
Der Staatsrat 100
Der politische Entscheidungsprozess 101

Quellen und Literatur 103
Stichwortverzeichnis 105
Bildnachweis 108

Autor: Dr. Manfred Bormann

Vorwort

Liebe Schülerinnen und Schüler,

Der vorliegende Band *Demokratie* der Reihe *Abitur-Wissen Politik* soll Ihnen einen Einblick vermitteln, wie unser politisches System funktioniert, welche **Grundgedanken** ihm als Basis dienen. Zu einer solchen Betrachtungsweise gehören neben den wichtigsten **Institutionen** vor allem die Kräfte, die außerhalb von **Parlament** und **Regierung** politischen Willen entwickeln und auf Entscheidungen Einfluss nehmen.

In den weiteren Kapiteln soll zunächst kurz das **politische System der USA** vorgestellt werden. Dies geschieht, weil sich hierin eine wichtige Alternative innerhalb des demokratischen Systems zeigt. Zudem erscheint es wichtig zu wissen, wie das politische System der westlichen Führungsmacht funktioniert.

Ferner soll quasi im **Rückblick auf die DDR** deutlich werden, wie man mit dem Begriff Demokratie umgehen kann, obwohl die Inhalte des Systems genau das Gegenteil verkörpern, nämlich die Diktatur einer kleinen Gruppe, die im Namen einer angeblich „gerechten" Ideologie herrscht.

Zahlreiche Bilder, Grafiken, Karikaturen unterstützen die Ausführungen und erleichtern Ihnen eine gezielte Vorbereitung auf Unterricht, Klausuren und das Abitur.

Dr. Manfred Bormann

Formen der Demokratie

Grundstrukturen politischer Herrschaft

Die Demokratie ist eine Form politischer Herrschaft, ist aber prinzipiell nicht an bestimmte Staatsformen gebunden. Während sich diese auf die Konstruktion des Staates allgemein beziehen, befasst sich der Aspekt „politische Herrschaft" damit, wie viele Menschen an der Herrschaftsausübung beteiligt sind, in welchen Formen sie stattfindet und wie sie legitimiert ist.

Staatsformen lassen sich hauptsächlich durch die zentrale Trennungslinie zwischen der **Monarchie** und der **Republik** unterscheiden. Während die Monarchie ursprünglich auf der überwiegend lebenslangen Konzentration der Staatsspitze in einer Person (der des Fürsten, Monarchen) basiert, beruht die Republik auf der Idee der prinzipiellen Herrschaft aller. Weitere Unterscheidungen bezüglich der Staatsformen betreffen den inneren Aufbau und die Beteiligungsmöglichkeiten von Ländern bzw. Regionen des Staates an der Herrschaftsausübung. Hierbei geht es darum, ob ein Staat als **Einheitsstaat** (unitarischer Staat), **föderalistischer Staat** (Bundesstaat) oder als **lockere Gemeinschaft** (Staatenbund) organisiert ist.

In Bezug auf die **Herrschaftsformen** ist die Demokratie eine von mehreren Möglichkeiten. Prinzipiell lassen sich diese danach unterscheiden, wie viele Personen eine Herrschaft begründen und ausüben. Dies können eine Person oder mehrere Personen bzw. prinzipiell alle Mitglieder eines Staates sein.

Die **Herrschaft einer Person (Monokratie)** und ihrer Anhängerschaft wird häufig als **Diktatur** bezeichnet; synonym werden auch die Begriffe **Tyrannei** oder **Despotie** verwendet, aber auch die **Monarchie** zählt dazu. Diese Herrschaft legitimiert sich unterschiedlich: Durch Gewaltanwendung, eine bestimmte Ideologie, die Ausstrahlung eines Führers (Charisma) oder durch religiöse Weihe. Beispielsweise legitimierten sich europäische Monarchen (Kaiser, Könige, Herzoge usw.) bis ins 20. Jahrhundert hinein dadurch, dass sie ihre Herrschaft mittels traditioneller Werte und Regeln begründeten, teilweise mit dem Verweis, dass sie von „Gott" eingesetzt worden seien.

Die **Herrschaft mehrerer Personen** lässt sich grundsätzlich als **Oligarchie** (Herrschaft weniger oder bestimmter Gruppen) bezeichnen. Bis in das 19. Jahrhundert bestand in vielen Staaten die **Aristokratie**, d. h. die Herrschaft des Adels, legitimiert durch traditionelle Rechte. Daneben existiert die **Plutokratie**, d. h. die Herrschaft der Reichen, basierend auf dem wirtschaftlichen Einfluss. Weitere Herrschaftsformen sind die **Theokratie** (griech. für Gottesherrschaft), in der, wie im Iran, die religiöse und staatliche Ordnung eine Einheit bilden, oder die **Parteiherrschaft**, legitimiert durch eine dominierende Ideologie (z. B. den Nationalsozialismus oder Kommunismus).

Die **Herrschaft prinzipiell aller** wird als Demokratie bezeichnet. Dieses Wort stammt aus dem Griechischen, wobei der Wortteil *demos* Volk und der Teil *kratie* Herrschaft bedeutet, also: Herrschaft des Volkes. Was tatsächlich unter der „Herrschaft des Volkes" zu verstehen ist, unterliegt vielfältigen Interpretationen und begründet daher unterschiedliche Formen der Demokratie. Eine dieser Varianten existiert in Deutschland unter dem Begriff **„parlamentarische Demokratie"**. Sie bildet auch den inhaltlichen Schwerpunkt dieses Buches. Die verschiedenen Demokratieformen lassen sich in zwei Haupttypen einteilen: die **plebiszitäre Demokratie** und die **repräsentative Demokratie**. Während bei der plebiszitären Demokratie das Volk seine Herrschaft unmittelbar ausübt, wird das Volk bei der repräsentativen Demokratie überwiegend durch gewählte Repräsentanten vertreten.

Allgemeine Merkmale demokratischer Systeme sind die **Souveränität des Volkes**, das **Rechtsstaatsprinzip**, **Pluralismus** der politischen und gesellschaftlichen Gruppen, **Gewaltenteilung**, **Achtung der Menschenrechte** sowie **verfassungsgemäßes politisches Handeln**.

Plebiszitäre Demokratie

Die plebiszitäre Demokratie, auch **direkte Demokratie** genannt, wird vielfach als die ideale Form der Demokratie bezeichnet, will sie doch gewährleisten, dass alle Bürger eines Gemeinwesens (Gemeinde oder Staat) ständig an allen Entscheidungen der betreffenden Ebene beteiligt werden. Der Wille der gesamten Bürgerschaft einer politischen Ebene soll unmittelbar in politische Entscheidungen sowie deren Ausführung einfließen. Die so herbeigeführte Identität von Regierenden und Regierten soll verhindern, dass sich Personen in der Legislative, Exekutive oder Judikative (gesetzgebende, ausführende und richterliche Gewalt) vom Bürgerwillen entfernen. Der französische Philosoph Jean-Jacques Rousseau (1712–1778) hat in diesem Sinne von einer **„volonté générale"** gesprochen, dem Willen aller Bürger als Gesamtheit, also dem Gemeinwillen. Dagegen steht nach seiner Theorie die **„volonté de tous"**, der Wille der Mehrheit der Bürger, auch als Summe der Einzelinteressen der Bürger. Somit steht hinter der Vorstellung von direkter Demokratie auch die Idee, dass andere, z. B. repräsentative Demokratien, den „wirklichen" Volkswillen nicht in praktische Politik umsetzen.

Um **direkte Demokratie** zu verwirklichen, haben Theoretiker dieser Herrschaftsform einige generelle Prinzipien entwickelt:

- Zentrales Element der Bildung des Volkswillens sind häufig stattfindende **Versammlungen**, bei denen letztlich alle Fragen, die die jeweilige politische Ebene betreffen, entschieden werden.
- Alle Beschlüsse sollen so weit wie möglich an die **Basis** verlagert werden. Folglich spielen überschaubare **Betriebs-**, **Wohn-**, **Gemeinde-**, **Kreis-** und **Regionaleinheiten** eine große Rolle. Auf jeder dieser Ebenen üben die Bürger ihre Gewalt (Souveränität) aus.
- Zentrale politische **Institutionen** auf Landes- oder Bundesebene werden daher nur **begrenzt benötigt**, wobei auch hier die Bürger in ihrer Gesamtheit politische Fragen entscheiden sollen.
- Personen, die Ämter bekleiden, müssen von den Bürgern der betreffenden politischen Ebene direkt gewählt werden (Prinzip der **Urwahl**).
- Für alle Gewählten gilt das Prinzip des **imperativen Mandats**, d. h. dass sie nur das ausführen dürfen, was der Souverän, also die Bürgerschaft, möchte. Verstoßen die Gewählten gegen Beschlüsse des Souveräns, kann eine Abwahl erfolgen.
- Amtsträger dürfen bestimmte Funktionen nur zeitlich befristet ausüben und müssen nach dieser Periode ihre Ämter an andere Gewählte abgeben (Prinzip der **Ämterrotation**). Folglich sollen Amtspersonen auch bei ihrer Besoldung nicht besser gestellt sein als der „normale" Bürger.
- Ein weiteres Prinzip besteht darin, den politischen Willen des Souveräns dadurch zu bündeln, dass z. B. auf politische Parteien und besonders **auf eine Gewaltenteilung verzichtet** wird. Im Idealfall liegen also die Funktionen der Gesetzgebung, der Ausführung von Gesetzen und die richterliche Gewalt in den Händen des Souveräns.

Bedeutende Versuche, Formen von direkter Demokratie in die politische Praxis umzusetzen, waren in der neueren Geschichte 1871 die Pariser Kommune, die Münchener sowie die Ungarische Räterepublik (1919). Alle drei Versuche scheiterten nach kurzer Zeit. Theoretisch funktionierte partiell auch die Sowjetunion (1917–1991) nach diesen Prinzipien (Sowjet: Rat). Wegen des fehlenden Gegengewichts durch andere politische Kräfte (z. B. durch Parteien, parlamentarische Opposition, unabhängige Richter, unabhängige Presse usw.) artete die gesamte politische Herrschaft jedoch schnell zu einer Diktatur weniger Parteifunktionäre aus.

Direkte Demokratie: Abstimmung in Außerrhoden (Schweiz) über die Abschaffung der Landesgemeinde.

Die direkte Demokratie setzt einen hohen Grad an Informiertheit aller Bürger sowie deren ständige Bereitschaft zu politischem Engagement voraus, was in der Praxis nur selten gegeben ist. Auch die Annahme, es gäbe einen homogenen politischen Willen aller Bürger, scheint eine Illusion zu sein. In der Realität existieren konkurrierende politische Strömungen.

Heute existiert keine plebiszitäre Demokratie in Reinform. In der **Schweiz** gibt es bisher noch die bedeutendsten Elemente regelmäßiger direkter Demokratie auf gesamtstaatlicher Ebene. Dies lässt sich durch die überschaubare Größe der Einwohnerzahl und des Landes sowie die relative Homogenität der – auch politisch interessierten – Bevölkerung erklären.

Einige Aspekte sprechen gegen Formen der direkten Demokratie. Hierzu zählen:

- die **hohe Komplexität** zahlreicher Entscheidungen,
- die **fehlende Sachkompetenz** vieler Bürger,
- **zu große Bevölkerungen und Gebiete**, die die Entscheidungen treffen,
- **kaum** vorhandene **Kompromissmöglichkeiten**.

Es existieren jedoch vielfach plebiszitäre Elemente innerhalb der demokratischen Systeme zur Korrektur und Verbesserung repräsentativer Systeme. Solche Elemente sind:

- **Bürgeranträge:** Eine (Mindest-)Anzahl von Bürgern beantragt die Behandlung bestimmter Angelegenheiten durch das Gemeindeparlament.
- **Bürgerbegehren:** Eine Mindestanzahl von Bürgern (z. B. 15 %) stellt den Antrag, dass eine bestimmte Sachfrage nicht durch das jeweilige Parlament, sondern durch alle stimmberechtigten Bürger entschieden werden soll.

- **Bürgerentscheid:** Die Bürger – meist einer Gemeinde – entscheiden über das Anliegen eines Bürgerbegehrens. Es kommt auch vor, dass das Gemeindeparlament den Bürgern eine Angelegenheit zur Entscheidung vorlegt.

Auf Landes- oder gesamtstaatlicher Ebene existieren häufig ähnliche plebiszitäre Elemente. Diese bezeichnet man dann als **Volksbegehren** (als Einleitung eines Verfahrens) und als **Volksentscheid** (oder Volksabstimmung, Referendum), wenn die Bürger über eine Angelegenheit entscheiden. Die beiden letzten Formen werden häufig in der Schweiz und in Einzelstaaten der USA verwandt, in Deutschland z. T. auf Kommunal- oder Länderebene.

Seit Ende der 60er-Jahre des 20. Jahrhunderts gibt es als weiteres plebiszitäres Element die **Bürgerinitiativen**. Diese sind Zusammenschlüsse von Bürgern, um konkrete politische, gesellschaftliche sowie wirtschaftliche Anliegen durchzusetzen, häufig auf der kommunalen Ebene, um z. B. einen Straßenneubau zu verhindern oder die Errichtung einer Sportstätte zu ermöglichen. Aufgrund unterschiedlichster Zielsetzungen solcher Bürgerinitiativen differieren die Dauer und die organisatorische Struktur solcher Gruppierungen sehr stark. Ist das Ziel erreicht, lösen sich Bürgerinitiativen meist auf.

Repräsentative Demokratie

Die repräsentative Demokratie stellt die zweite Grundform des demokratischen Regierungssystems dar. Prinzipiell übt auch hier das Volk, also alle stimmberechtigten Bürger, die Staatsgewalt aus. Alles staatliche Handeln lässt sich darauf zurückführen. Allerdings nimmt das Volk sein „Souveränitätsrecht“ nur periodisch, in regelmäßig wiederkehrenden Intervallen, wahr, indem es an seiner Stelle Vertreter (Repräsentanten) wählt, die in seinem Auftrag die Staatsgewalt ausüben.

Mit der **parlamentarischen** bzw. der **präsidentiellen Demokratie** existieren zwei Formen der repräsentativen Demokratie, deren Prinzipien im Folgenden, auch im Vergleich zur **Volksdemokratie**, vorgestellt werden.

Die parlamentarische Demokratie

Die Idee der parlamentarischen Demokratie – realisiert in den meisten Staaten West- und Mitteleuropas – geht davon aus, dass die Bürger in regelmäßigen Abständen, z. B. alle vier oder fünf Jahre, ihr zentrales Vertretungsorgan, das Parlament, wählen. Die Bürger bestimmen somit nur allgemein und mittelbar über die künftige Politik und ihre Vertreter. Eine konkrete Entscheidung über einzelne Sachfragen findet im Regelfall nicht statt. Es gibt auch keine Identität zwischen Regierenden und Regierten. Es gilt die „volonté de tous", also der Wille der Wählermehrheit. Zentrale Prinzipien der parlamentarischen Demokratie sind unter anderem:

- Das Volk äußert seinen Willen bei **Wahlen** zu den Parlamenten der jeweiligen politischen Ebene (z. B. Gemeinde, Land, Bund, Europa).
- Die Wahlen verlaufen nach folgenden Grundsätzen: **allgemein**, **frei**, **gleich**, **geheim** und zumeist **direkt**.
- Das Volk entscheidet bei Wahlen über die Einzelbewerber und/oder die Listenangebote bestimmter, meist weltanschaulich ausgerichteter **Parteien** bzw. Gruppierungen.
- Die gewählten Repräsentanten sind prinzipiell nicht an Weisungen oder Aufträge ihrer Wähler/Parteien gebunden (Prinzip des **freien Mandats**) und daher für ihre Entscheidungen selbst verantwortlich.
- Einmal gewählte Repräsentanten können sich in der Regel nach einer Amtsperiode zur **Wiederwahl** stellen.
- Die Mehrheit eines Parlaments wählt eine Regierung/einen Regierungschef und kann diese(n) auch wieder abwählen (Prinzip der **Ministerverantwortlichkeit**).
- Der **Präsident** eines Staates übt fast nur **repräsentative Funktionen** aus und wird meist vom Parlament oder einer anderen Versammlung gewählt.
- Die Abgeordneten in einem Parlament, die nicht die Regierung gewählt haben, bilden die **parlamentarische Opposition**, die Fehler der Regierung und Alternativen aufzeigt.
- Die richterliche Gewalt **(Judikative)** handelt und entscheidet nur aufgrund der von den Parlamenten verabschiedeten Gesetze. Die Justiz ist somit **unabhängig** von aktuellen politischen Stimmungen, auch vom Parlament.
- Neben den drei Gewalten Parlament, Regierung und Justiz gibt es quasi zwei weitere „Gewalten", die den politischen Prozess beeinflussen: Die **Massenmedien** (Zeitungen, Fernsehen usw.) sowie die unterschiedlichen **Interessenverbände** (z. B. Gewerkschaften und Unternehmerverbände).

Die parlamentarische Demokratie wird immer wieder kritisiert. Dabei richtet sich die **Kritik** besonders auf die mangelnde Transparenz politischer Entscheidungen sowie die fehlende Mitwirkung des Volkes an der Politik. Klagen werden erhoben, dass etwa die Regierungsbürokratie immer mächtiger würde und die Funktion der gewählten Repräsentanten aushöhle. Schließlich entfernten sich die gewählten Repräsentanten und ihre Parteien immer mehr vom Volk und seinem Willen. Es entstehe so eine eigenständige, abgehobene politische

Klasse, die zu Erstarrung und Selbstgenügsamkeit neige. Somit entstehe die Notwendigkeit für außerparlamentarische Bewegungen wie Bürgerinitiativen.

Neben dieser Kritik, die im Prinzip den Parlamentarismus wieder lebendiger, bürgernäher gestalten möchte, gibt es eine grundsätzliche Ablehnung des Parlamentarismus von der extremen politischen Linken und Rechten.

Die **extreme Linke**, d. h. marxistische/kommunistische Bewegungen, kritisiert, dass der Parlamentarismus letztlich die bürgerlich-kapitalistische Ausbeutergesellschaft stütze. Die Interessen des Volkes würden durch Parlamente nicht wirklich vertreten. Dies könne nur mithilfe von Rätesystemen überwunden werden.

Die **extreme Rechte** beklagt die Schwäche des Parlaments und des Staates, die nach ihrer Ansicht durch Interessengruppen und Parteien hervorgerufen werde. Ihr Gegenmodell orientiert sich am autoritären Staat mit starken Führungspersonen, wobei das Parlament kaum noch eine Rolle spielt.

Die präsidentielle Demokratie

Die präsidentielle Demokratie sieht ebenfalls keine Identität zwischen Regierenden und Regierten vor. Das Volk übt seine Souveränität durch regelmäßig stattfindende Wahlen aus. Diese gelten jedoch nicht nur der Legislative, sondern auch der Exekutive: Das Volk bestimmt in **getrennten Wahlen** jeweils seine Vertreter im Parlament und das Staatsoberhaupt, den Präsidenten, der im Idealfall zugleich die Funktion des Regierungschefs ausübt.

Somit ergibt sich gegenüber der parlamentarischen Demokratie eine tatsächliche **Trennung von Legislative und Exekutive**. Beide Gewalten, Präsident und Parlament, erhalten ihre Macht, ihren Handlungsauftrag durch das Votum der Wähler. Das Parlament wählt also nicht die Regierung oder den Regierungschef. Es kann folglich auch keine Abwahl der Exekutive durch das Parlament erfolgen. Nimmt man die tatsächliche Unabhängigkeit der Justiz, der Judikative, hinzu, so realisiert die präsidentielle Demokratie das Prinzip der Trennung der drei Staatsgewalten, das erstmals der Franzose Charles de Montesquieu (1689–1755) forderte, besser und vollständiger als die parlamentarische Demokratie.

Gilt in der parlamentarischen Demokratie die Opposition als Gegenpart zu Regierung und Regierungsmehrheit, so versteht sich im präsidentiellen System das gesamte **Parlament** als **Kontrolleur der Regierung**. Exekutive und Legislative können sich zwar gegenseitig nicht von ihren Ämtern absetzen, sie kontrollieren und blockieren sich aber oft recht stark, haben sie doch beide die Verpflichtung, bei Gesetzen und anderen Maßnahmen ein Einverständnis herbeizuführen. Somit führt das System der **„checks und balances“** (Gewichte und Gegengewichte) neben einer Gewaltenteilung auch zur „Gewaltenverschränkung“, einem Aufeinanderzugehen der politischen Gremien in bestimmten Fragen, weil sonst ein Politikstillstand einträte.

Aus dem Dualismus zwischen Exekutive und Legislative sowie der institutionellen Trennung von Präsident und Parlament resultiert, dass sich die Parlamentsabgeordneten weniger ihren Parteien verpflichtet fühlen als im parlamentarischen System. Sie nehmen, auch wenn die eigene Partei die Regierung stellt und sie diese daher unterstützen, mindestens ebenso die Funktion der Legislative als Gegenpart zur Exekutive wahr.

Neben diesen unterscheidenden Merkmalen sind aber beiden Demokratietypen viele zentrale Elemente gemeinsam (z. B. Rolle von Medien und Interessenverbänden, freies Abgeordnetenmandat).

Das **Regierungssystem der USA** (vgl. S. 85 ff.) stellt den klassischen Fall einer präsidentiellen Demokratie dar. Es gibt auch Mischformen beider Demokratieformen, z. B. das gegenwärtige System der V. Republik in Frankreich.

Die Volksdemokratie

Die Volksdemokratie bezeichnet ein Herrschaftsmodell in den ehemals sozialistischen Staaten im (mittel)östlichen Europa. Vom Begriff her handelt es sich um eine Doppelung, da der Begriff Demokratie ja bereits die „Herrschaft des Volkes“ bezeichnet. Mit dem Begriff „Volksdemokratie“ sollte zum Ausdruck gebracht werden, dass die Masse des Volkes tatsächlich die Politik bestimmt. In Wirklichkeit wurde so bis zum Zusammenbruch des Sozialismus/Kommunismus zwischen 1989 und 1991 die Herrschaft der jeweiligen **kommunistischen Partei** legitimiert, also z. B. die Herrschaft der SED (Sozialistische Einheitspartei Deutschlands) in der DDR. Diese verstand sich als Verkörperung des Volkswillens im Sinne einer Identifikation zwischen den Regierenden und Regierten und erhob daher den Anspruch, das Volk so lange zu führen, bis der Kommunismus als Endzustand einer positiven Menschheitsentwicklung erreicht sei.

Innerhalb dieser Ordnung fanden nur **Scheinwahlen** zu einem Scheinparlament statt, weil den Wählern keine wirkliche Parteienkonkurrenz zur Auswahl stand, sondern sie den vorgegebenen Einheitslisten weitgehend nur zustimmen konnten. Dieses Verfahren, das der politischen Führung immer den „Wahlerfolg“ garantierte, diente dazu, die Herrschaft einer Partei nach innen und außen zu legitimieren, sodass die diktatorische Herrschaft einer kleinen Gruppierung innerhalb der Partei weniger sichtbar wurde.

Entstehungsgeschichte der Demokratie

Die Antike

Die griechische Polis

Idee und Praxis der Demokratie wurden in der Antike entwickelt. Eine erste feste Ausprägung entstand in der klassischen Zeit der **griechischen Polis**, den territorial sehr begrenzten Stadtstaaten. Einen Höhepunkt erlebte die Demokratie im Stadtstaat **Athen** im 5. Jahrhundert v. Chr., insbesondere zur Zeit des Perikles (Regierungszeit 443–429 v. Chr.). Die damalige Demokratie lässt sich jedoch mit den heutigen Formen nur bedingt vergleichen. Die in die demokratischen Strukturen eingebundenen Bürger bildeten nur eine Minderheit der gesamten Einwohnerschaft Athens, denn deren größter Teil bestand aus rechtlosen Sklaven; auch Frauen besaßen keine Bürgerrechte. So übten nur einige Tausend männliche Bürger Athens die Souveränität aus und zwar grundsätzlich in der Form einer direkten Demokratie, besonders in der häufig tagenden Volksversammlung. Diese war nach Berufs- und Einkommensgruppen unterteilt, diskutierte und entschied alle wesentlichen Personal- sowie Sachfragen und konnte daher auch missliebige Beamte absetzen.

Mit dem Scherbengericht bestimmten die Athener Bürger auch darüber, wer aus der Polis verbannt werden sollte. Perikles (500 bis 429 v. Chr.) förderte in seiner Regierungszeit die Macht, die Demokratie und den Wohlstand Athens.

Die römische Republik

Eine demokratische Entwicklung dieser Art kannte die **Römische Republik** im 2. und 1. Jahrhundert v. Chr. nicht. Dennoch entstanden auch hier Institutionen und Verfahren mit Vorbildcharakter für die heutige Demokratie. Politische Entscheidungen fielen zeitweilig in dem „Dreieck“ Senat, Volksversammlung und Magistrat (vereinfacht mit heutigen Begriffen: Oberhaus, Unterhaus als „das Parlament“ und Regierung). Alle drei waren aufeinander angewiesen und gezwungen, Kompromisse zu schließen, konnten sich aber auch blockieren, beispielsweise durch das Veto-Recht der Konsuln (der „Regierungschefs“). In Not- oder Kriegszeiten gab es die zeitlich begrenzte Funktion des „Diktators“, um alle Kräfte des Staates bündeln zu können.

Der Senat hatte in der Römischen Republik das größte Gewicht. Vordergründig bestand seine Aufgabe „nur“ darin, den Magistrat zu beraten. Weil jedoch die bedeutendsten Familien im Senat vertreten waren, besaßen seine „Empfehlungen“ häufig den Charakter von bindenden Entscheidungen.

Die Volksversammlung wählte den Magistrat, also die höchsten Beamten (allerdings nur auf kurze Zeit), und wurde gleichzeitig von diesem einberufen. Außerdem beschloss sie Gesetze und entschied über Krieg und Frieden. Eigene Vorlagen z. B. für Gesetze konnte sie nicht erstellen. Die Vertreter der vermögenden Schichten dominierten gegenüber den ärmeren Gruppen.

Der Magistrat übte die alltägliche Regierungsgewalt aus, war jedoch durch die beiden anderen Gremien deutlich in seiner Macht beschränkt.

Da in der Römischen Republik politische Entscheidungen im Zusammenwirken verschiedener Institutionen getroffen wurden, die sich gegenseitig in ihrer Macht begrenzten, existierte bereits im Ansatz ein System von „checks and balances“. In der **Kaiserzeit** – seit der Herrschaft von Caesar und Augustus – blieb dieses System zwar prinzipiell erhalten, wurde jedoch zunehmend durch die zentralisierende Macht des Kaisers überlagert.

Unter dem Aspekt „Demokratie“ bleibt anzumerken, dass auch in Rom nur eine Minderheit tatsächlich Einfluss auf die Politik hatte. Dies ergab sich schon daraus, dass Sklaven, Frauen und viele Einwohner Roms rein rechtlich keine Bürger waren und daher keinerlei politische Rechte besaßen.

Das Mittelalter

Spricht man von Demokratie, so erscheint das europäische Mittelalter eher „rückschrittlich“, da viele der erwähnten Institutionen der Antike in mittelalterlichen Herrschaftsstrukturen fehlen. In der Politik dominierten die Fürsten und der Adel mit ihrer im Lehnswesen verankerten Macht. Dennoch kannte auch das Mittelalter Entwicklungen, die den neuzeitlichen Durchbruch der Demokratie unterstützten.

In den Städten, besonders in den freien Reichsstädten, entwickelte sich ansatzweise eine Art von **kommunaler Selbstverwaltung**. Allerdings wurde diese Selbstverwaltung von den obersten Schichten, den **Patriziern**, ausgeübt, teilweise auch zusammen mit Vertretern der **Zünfte**. Marktplätze, Rathäuser und Zünfte wurden so zu Symbolen selbstbewusster, sich selbst regierender Städte, jedoch weitgehend ohne Beteiligung der ärmeren Schichten, die die Mehrheit der Stadtbevölkerung darstellten. Innerhalb des gesamten Staates wurden die reichsunmittelbaren Städte autonome Inseln mit freieren Entfaltungsmöglichkeiten und standen dabei oft in Opposition zur jeweiligen Landesherrschaft. Zusammen mit den unterschiedlichen territorialen Regierungen bildeten sich so durchaus vielfältige politische Strukturen im Gesamtstaat aus.

Als **Gegenpol zu Kaiser und Reich** kann auch die zentral von Rom aus gelenkte **katholische Kirche** gesehen werden. Zusammen mit den verschiedenen Ständen der Gesellschaft zeigten sich also durchaus Ansätze zu pluralistischen Strukturen. In Kontinentaleuropa gelang es jedoch bis in die Neuzeit nicht, diese in eine demokratische Richtung für den Gesamtstaat weiterzuentwickeln. Im Gegenteil, denn viele **Fürsten** konnten absolutistische Strukturen auf ihrem Territorium etablieren. Vor diesem Hintergrund erschien deshalb am Beginn der Neuzeit besonders die griechische Antike als demokratisches Vorbild.

Nur wenige Gebiete bzw. Staaten bewahrten sich im Ansatz pluralistische und demokratische Strukturen. Hierzu zählten im frühen Mittelalter **Island** mit dem System des Allthing, einer regelmäßig tagenden Versammlung aller Männer, sowie die **Schweiz**, deren verschiedene Kantone immer ein hohes Maß an Selbstverwaltung behielten. Eine Art Parlamentssystem existierte auch in **Polen** bis zu dessen vollständiger Aufteilung 1795.

Die Neuzeit

In Großbritannien, den USA und Frankreich gelangte im 17./18. Jahrhundert die Demokratie prinzipiell zum Durchbruch. Während sich die Entwicklung in Großbritannien durch Reformen vollzog, geschah die Demokratisierung in den USA und Frankreich eher durch revolutionäre Umwälzungen.

Großbritannien

In **Großbritannien** begann im Jahre 1215 mit der **„Magna Charta Libertatum“** (Große Freiheitsurkunde) die Entwicklung zum parlamentarischen System. Der König musste den Vertretern des Adels und den Bürgern der Stadt London in 63 Artikeln zugestehen, dass sie in finanziellen Angelegenheiten mitbestimmen durften. Hieraus entwickelte sich später die Gewohnheit, auch Gesetze mitzubeschließen. Im 14. Jahrhundert vollzog sich dann die Trennung des Parlaments in das Ober- und Unterhaus. Im **Oberhaus**, dem House of Lords, saßen Adelige; im **Unterhaus**, dem House of Commons, versammelten sich Ritter und Vertreter der Bürgerschaft, sodass zu dieser Zeit noch keine angemessene Repräsentation des Volkes existierte.

1689 gelang es dem House of Commons, seine Rechte in einer Art „Staatsgrundgesetz“, der **„Bill of Rights“**, zu festigen. Darin wurde die Gesetzgebungskompetenz, die das Unterhaus zusammen mit dem Oberhaus und der Krone ausübte, festgelegt. Der König durfte seitdem Gesetze nicht mehr aufheben. Steuerbeschlüsse bedurften der Bewilligung durch das Parlament, ebenso mussten die Parlamentarier der Einrichtung eines stehenden Heeres zustimmen. Die Parlamentsmitglieder sollten frei gewählt werden. Ferner wurde für Abgeordnete eine Immunität (Nicht-Haftbarmachung für Äußerungen im Parlament, keine Strafverfolgung für Abgeordnete während ihrer Zeit im Parlament) eingeführt.

Im 18. Jahrhundert schließlich bildeten sich Ansätze zu einem Zwei-, z. T. Drei-Parteien-Unterhaus. Seitdem ist der Gegensatz von **Konservativen** (Tories) und **Liberalen** (Whigs) und später den **Sozialisten** (Labour) ein Grundelement des britischen Parlamentarismus. Stufenweise wurde im 19. und 20. Jahrhundert das Wahlrecht auf immer breitere Schichten der Bevölkerung ausgedehnt, sodass Parlament und Abgeordnete das Volk immer klarer repräsentierten.

USA

Im Gegensatz zu Großbritannien, in dem die Position des Parlaments weitgehend in Reformschritten gestärkt wurde, vollzog sich die Entwicklung in den **USA** revolutionär. In den 70er-Jahren des 18. Jahrhunderts fühlten sich die Einwohner der 13 britischen Kolonien in den späteren USA von ihrem Mutterland Großbritannien zunehmend wirtschaftlich ausgebeutet und verlangten die politische Gleichberechtigung. Als ihnen diese Forderung nicht gewährt wurde, erklärten sie am 4. Juli 1776 ihre **Unabhängigkeit von Großbritannien**, verabschiedeten die noch heute gültige Verfassung der USA sowie eine Erklärung über allgemeingültige **Menschenrechte**. Erst nach einem sieben Jahre andauernden Krieg erkannte Großbritannien die Unabhängigkeit des neuen Staates an.

Frankreich

In **Frankreich** war im 18. Jahrhundert das **absolutistische Regime** von innen heraus „morsch" geworden. Fast wie in einer Zeitrafferaufnahme durchlebte Frankreich ab Mai 1789 eine **revolutionäre Umwälzung** in mehreren Schüben. Die erste Phase von 1789 bis 1791 beseitigte den monarchischen Absolutismus, sicherte in einer Erklärung die Menschenrechte und mündete in eine Verfassung, die Frankreich in eine **konstitutionelle Monarchie** überführte. Die repräsentative und die Gewalten teilende Verfassung wurde 1792 durch eine plebiszitäre und die Gewalten vereinende Verfassung abgelöst, was zur **Terrorherrschaft der Jakobiner** unter Robespierre führte.

Während des 19. Jahrhunderts setzte sich trotz gelegentlicher Rückschläge als eine Folge der starken Machtposition einzelner Könige und Kaiser, wie z. B. Kaiser Napoléon I., der Gedanke des Parlamentarismus, also einer repräsentativen Demokratie, in Frankreich durch. Die Revolutionen von 1830, 1848 und der Sturz Napoleons III. als Folge der Niederlage im deutsch-französischen Krieg 1870/71 halfen die repräsentative Demokratie zu sichern und zu

Die Jakobinermütze symbolisiert auch in diesem DDR-Plakat vom November 1989 die Forderungen nach Freiheit, Gleichheit und Brüderlichkeit.

stärken, sodass zwischen 1871 und 1958, in der III. und IV. Republik, die jeweiligen Exekutiven schwächer als die Parlamente waren. Aufgrund der dadurch hervorgerufenen politischen Instabilität durch häufige Regierungswechsel setzte sich in der V. Republik Präsident Charles de Gaulle ab 1958 für eine Stärkung der Exekutive ein und vergrößerte vor allem die Kompetenz des Präsidenten.

Verbreitung der Demokratie

Im 20. Jahrhundert brachte die zeitweilige Dominanz totalitärer Ideologien (Faschismus/Nationalsozialismus sowie Sowjetkommunismus/Stalinismus) zunächst einen Rückschlag für die Entwicklung der Demokratie in Kontinentaleuropa. Erst nach dem Ende des Zweiten Weltkrieges konnte in ganz West-, Nord- und dem westlichen Teil Mitteleuropas die Demokratie verankert werden, in Südeuropa erst seit den 70er-Jahren. Für das östliche Mitteleuropa gelang die Demokratisierung erst ab 1990/91 mit dem Niedergang des Kommunismus und dem Zerfall der Sowjetunion.

Somit lässt sich feststellen, dass es gesicherte Formen der Demokratie im überwiegenden Teil des westlichen Kulturkreises, also in Nordamerika, West-, Mittel-, Nord-, Südeuropa und Australien, gibt. Außerhalb dieses Bereiches scheint diese Regierungsweise nur noch in Israel, Japan, Indien und z. T. in Lateinamerika gefestigt. In den meisten Teilen Afrikas, der arabischen und asiatischen Welt, partiell in Lateinamerika sowie in Südost- und Osteuropa existieren zum Teil nur rudimentäre Ansätze einer demokratischen Regierungsweise. Gefährdungen, Umstürze und neue Versuche in Richtung einer parlamentarischen Regierungsform wechseln einander ab.

Die parlamentarische Demokratie in Deutschland

Historische Entwicklung

Die historische Entwicklung der Demokratie in Deutschland war ein langwieriger Prozess, der erst mit der Weimarer Republik 1918/19 ein vollständig demokratisches Stadium erreichte.

Die Entwicklung im langen 19. Jahrhundert

Geistige Grundlagen

Die geistigen Grundlagen für die Entwicklung zur Demokratie entstanden – ähnlich wie in Frankreich oder Großbritannien – bereits im 18. Jahrhundert im Kontext **humanistischer und aufklärerischer Ideen**. Bei Literaten und Philosophen verbanden sich dabei z. T. nationale und liberale Ideen. So bereiteten vor allem Gotthold Ephraim Lessing, Justus Möser, Friedrich Gottlieb Klopstock, Friedrich von Schiller und Johann Gottlieb Fichte den Boden dafür, dass im 19. Jahrhundert nationale und liberale Ideen dominierten. Gleichzeitig entwickelten sich allerdings konservative Ideen als Gegenpol zu **Liberalismus** und **Nationalismus**. Staatstheoretiker wie Friedrich Gentz, Freiherr von der Marwitz sowie Adam Müller verteidigten die alte, überkommene Ordnung mit **Monarchie** und **ständischer Ordnung**.

Ab Mitte des 19. Jahrhunderts wurde das Spektrum der politischen Gedanken um **soziale und sozialistische Ideen** ergänzt. Während die einen das bestehende System lediglich sozialer gestalten wollten, gingen die Sozialisten deutlich weiter und viele ihrer Vertreter propagierten eine revolutionäre ökonomische und politische Umgestaltung von Staat, Wirtschaft und Gesellschaft. Bekannteste Vertreter dieser Richtung waren Karl Marx und Friedrich Engels.

Mit Konservatismus, Nationalismus, Liberalismus sowie Sozialismus und Kommunismus existierten die geistigen Ideen und Kräfte, die spätestens seit der Mitte des 19. Jahrhunderts die politischen und ökonomischen Auseinandersetzungen in den demokratischen Systemen des westlichen Kulturkreises mit der Ausnahme Nordamerikas bestimmten. Großen Einfluss gewannen in der ersten Hälfte des 20. Jahrhunderts zudem die faschistischen bzw. nationalsozialistischen Ideologien und in der zweiten Hälfte des 20. Jahrhunderts ökologische Überzeugungen, ohne die konservativen, liberalen und sozialistischen Ideen des 19. Jahrhunderts aus dem Parteienspektrum zu verdrängen.

Reformen in den Rheinbundstaaten und Preußen

Die Grundgedanken der Französischen Revolution beeinflussten besonders nach der Auflösung des Heiligen Römischen Reiches Deutscher Nation (1806) auch die Entwicklung in Deutschland nachhaltig. In den Rheinbundstaaten, besonders in Bayern und Baden, entwickelten sich bestimmte Freiheiten (Gewerbe, Arbeit, Religion), die ständische Ordnung wurde zurückgedrängt, das egalitäre französische Rechtssystem, der Code Civil, eingeführt. Nach 1815 erhielten diese Staaten sogar Verfassungen, die konstitutionelle Monarchien mit Bürgerrechten und einer parlamentarischen Vertretung festlegten.

Einen Entwicklungsschub gab es auch in **Preußen**. Die von der Staatsführung initiierten **Reformen** von 1807–1814 hatten das Ziel, das von Napoleon geschlagene Preußen innenpolitisch durch liberale Modernisierungsmaßnahmen „von oben" zu stärken. Die wichtigsten Reformer waren Reichsfreiherr vom und zum Stein, Freiherr Karl August von Hardenberg, Wilhelm von Humboldt sowie die Militärreformer Scharnhorst und Gneisenau. Im Zuge der Reformen wurden die Bauern aus der Erbuntertänigkeit befreit, die Städte bekamen eine bürgerschaftliche Selbstverwaltung, die Wirtschaft erhielt Gewerbefreiheit und den Juden wurden staatsbürgerliche Rechte zuerkannt. Außerdem wurden das staatliche Gymnasium und die allgemeine Wehrpflicht eingeführt. Preußen erhielt jedoch weder eine parlamentarische Vertretung noch eine Verfassung und blieb weiterhin eine absolute Monarchie.

Wiener Kongress und Vormärz

Nach dem Wiener Kongress 1814/15 erstarkten die konservativen Regierungen in Preußen, Österreich und Russland. Sie schlossen sich zur **Heiligen Allianz** zusammen, um gemeinsam gegen revolutionäre, demokratische Kräfte vorzugehen. **Demokratische und nationale Bestrebungen** gingen jetzt vor allem von den studentischen Burschenschaften aus. Sie erreichten 1817 mit dem Fest auf der Wartburg und 1832 in Hambach einen Höhepunkt, wurden jedoch danach meist mit polizeistaatlichen Methoden unterdrückt. Erst die Juli-Revolution von 1830 in Frankreich brachte die Demokratie in Europa wieder ein Stück weiter. In den deutschen Bundesstaaten Sachsen, Hannover, Braunschweig und Hessen-Kassel führten Aufstände dazu, dass die Fürsten Verfassungen gewährten. An der zersplitterten Staatsstruktur Deutschlands und der Dominanz restaurativer Kräfte änderte sich kaum etwas.

Revolution 1848 und Paulskirchenparlament

Erst die Februar-Revolution von 1848 in Frankreich ließ die demokratischen und revolutionären Kräfte derart erstarken, dass im März desselben Jahres in Berlin und Wien die bisher vorherrschenden Kräfte zurückgedrängt wurden. Nach demokratischen Wahlen in ganz Deutschland trat schließlich am 18. Mai 1848 in der **Frankfurter Paulskirche** die erste deutsche **Verfassunggebende Nationalversammlung** zusammen. Dies geschah sogar mit Zustimmung des von den Fürsten dominierten Bundestages. Der Erwartungsdruck an das neue Parlament war sehr hoch, galt es doch, schnell **wesentliche nationale Fragen** zu lösen. Die wichtigsten waren: Welche Struktur soll die neue Verfassung haben? Wie soll das Staatsgebiet des neuen Deutschen Reiches definiert werden? Wie verfährt man dabei mit nichtdeutschen Ethnien, wie z. B. Polen oder Tschechen? Wer soll das neue Staatsoberhaupt werden? Wie soll das Verhältnis des Reiches zu den Ländern gestaltet werden? Hinzu kamen z. T. gravierende außenpolitische Probleme, wie der Krieg um Schleswig-Holstein und der Aufstand in Ungarn. All diese Fragen sollten von bisher im „politischen Geschäft" unerfahrenen Abgeordneten gelöst werden. Bei der Vielzahl der Probleme verwundert es nicht, dass sich die Abgeordneten häufig uneinig waren. Ferner fehlte der Paulskirche jegliche Exekutivgewalt (Staatsverwaltung, Polizei, Militär), sie lag weiterhin bei den Bundesstaaten, also bei den Fürsten.

Vor diesem Hintergrund erzielte die Paulskirchen-Versammlung bis März 1849 erstaunliche Ergebnisse. Nach viermonatiger Beratung verabschiedete die Nationalversammlung im Oktober 1848 die **Grundrechte** für das deutsche Volk. Die Inhalte und Formulierungen gelangen so vorbildhaft, dass sie später in die Weimarer Reichsverfassung von 1919 und das Grundgesetz für die Bundesrepublik Deutschland, im Kern kaum verändert, einflossen. Damit erreichte Deutschland bei den Grund- und Menschenrechten den „Rechtszustand", der in den USA 1776 und in Frankreich 1789 erreicht worden war.

Während der parlamentarischen Beratungen kristallisierten sich politische Gruppierungen heraus, die Vorläufer unserer heutigen **Parteien:** Konservative Rechte, Liberale Mitte (gespalten in Rechtes und Linkes Zentrum), Demokratische Linke (gespalten in republikanische und sozial-revolutionäre Richtung).

In den Monaten bis März 1849 beriet und verabschiedete die Nationalversammlung die **Reichsverfassung**. Sie beinhaltete eine klare Gewaltenteilung nach Exekutive (Erbkaiser, eine von ihm ernannte Reichsregierung und das Heer), Legislative (Zwei-Kammerparlament mit Staatenhaus – vergleichbar dem heutigen Bundesrat – als Vertretung der Länder sowie einem Volkshaus – ähnlich dem heutigen Bundestag –, hervorgegangen aus allgemeinen, gleichen und geheimen Wahlen) und Judikative (unabhängige Gerichtsbarkeit).

Die verfassunggebende Nationalversammlung der Paulskirche in Frankfurt/Main

Der Dualismus zwischen Preußen und Österreich sowie die nationale Frage spalteten die Nationalversammlung. Es ging vor allem darum, ob Österreich (und damit viele nichtdeutsche Ethnien) zu Deutschland gehören sollte. Die schließlich beschlossene **kleindeutsche Lösung**, also der Ausschluss Österreichs, bedeutete praktisch eine Vorwegnahme der Reichseinigung von 1871. Als Konsequenz der kleindeutschen Lösung bot die Paulskirche dem preußischen König Friedrich Wilhelm IV. die Kaiserkrone an. Da er das Angebot wegen des „Ludergeruchs der Revolution" ablehnte, waren sowohl die Revolution als auch das Verfassungswerk „kopflos" und das Werk der Nationalversammlung gescheitert. Die Fürsten trugen den Sieg über die demokratischen Kräfte davon. Trotzdem setzte die Paulskirche bezüglich der Grundrechte, des Wahlrechts, der Verfassung und der politischen Gruppierungen Maßstäbe für die Zukunft der Demokratie in Deutschland.

Obwohl nach 1849 liberale und nationale Ideen in der Reaktionsperiode zurückgedrängt wurden, erhielt Preußen 1849/50 erstmals eine Verfassung und wurde dadurch zu einer konstitutionellen Monarchie. Gegenüber der Zeit vor 1848 stellte dies zwar einen großen Fortschritt dar, verglichen mit dem Verfassungswerk der Paulskirche allerdings einen großen Rückschritt: Gesetze konnten in Preußen nur im Einvernehmen mit der Krone beschlossen werden, das Herrenhaus als zweites Legislativorgan bildete eine Adelsvertretung und das Abgeordnetenhaus setzte sich nach dem **Dreiklassenwahlrecht** zusammen und repräsentierte somit überwiegend die vermögenden Bürger.

Aber Preußen beschritt jetzt auch einen konstitutionellen Weg; es entwickelten sich parlamentarische Strukturen, Parteien stritten um den „besten" Weg zur Lösung von Problemen, eine politisch-publizistische Öffentlichkeit kristallisierte sich heraus, die Exekutive war an die Zustimmung der Legislative und an rechtsstaatliche Formen gebunden.

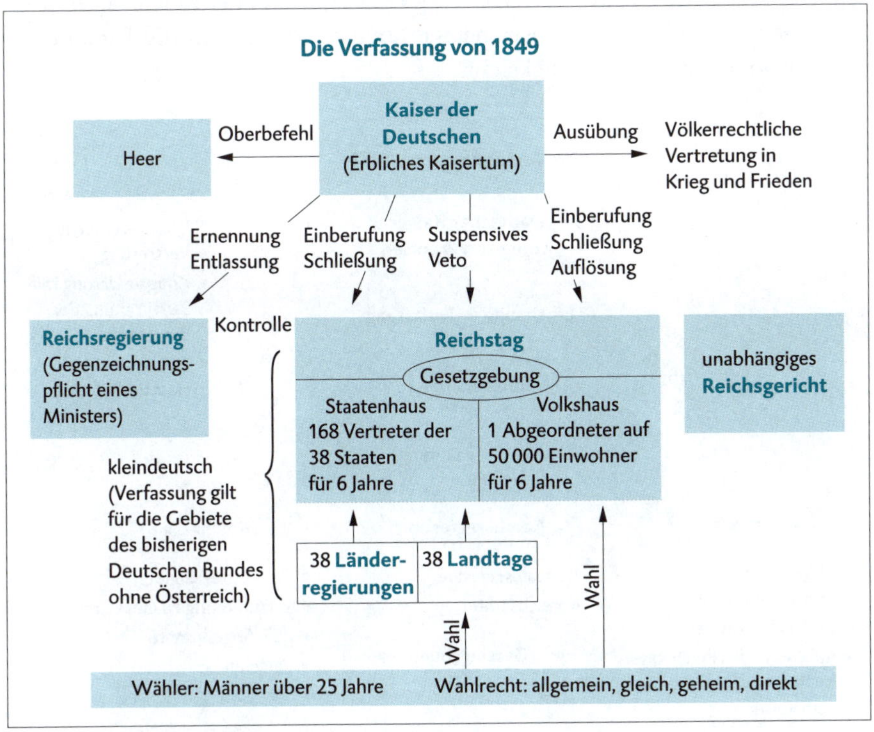

Das deutsche Kaiserreich

Das 1871 gegründete **Deutsche Kaiserreich** brachte für die Entwicklung der Demokratie weitere Fortschritte. Zwar erreichte die Verfassung nicht den Stand von 1849, enthielt jedoch deutliche Verbesserungen gegenüber der preußischen von 1850. Dies betraf vor allem folgende Aspekte:

- Männer über 25 Jahre erhielten für den Reichstag, die Volksvertretung, ein allgemeines, gleiches und geheimes **Wahlrecht**. Somit repräsentierte der Reichstag die bei Wahlen herrschende politische Grundstimmung.
- Die **Reichsexekutive** (Kaiser und Kanzler) war an der Beschlussfassung über Gesetze nicht mehr direkt beteiligt. Für Gesetze war ein Einvernehmen

zwischen **Bundesrat** – der Länderkammer – und dem **Reichstag** erforderlich. Da Preußen allerdings praktisch über ein Veto-Recht im Bundesrat verfügte, konnten der Kaiser und der meist aus Preußen stammende Kanzler weiterhin Einfluss auf die Gesetzgebung ausüben.

- Das neue Forum „Reichstag" trug dazu bei, dass sich die politischen **Parteien** zunehmend entwickelten, feste Strukturen entstanden und sich somit auch eine **politische Öffentlichkeit** herausbildete. Besonders in der Zeit nach Bismarcks Kanzlerschaft (ab 1890) gewann der Reichstag an politischem Gewicht und die Reichsregierungen nahmen auf die Parlamentsfraktionen zunehmend Rücksicht.

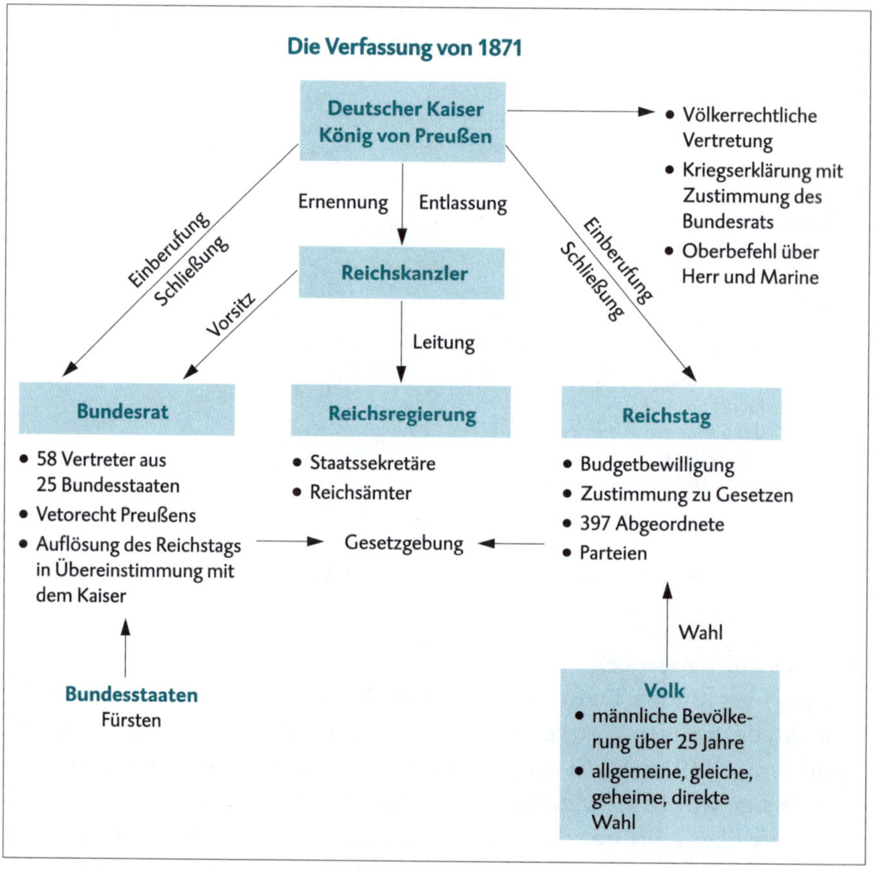

Die Weimarer Reichsverfassung

Die Niederlage Deutschlands im Ersten Weltkrieg und die revolutionären Auseinandersetzungen 1918/1919 hatten die endgültige Demokratisierung des deutschen Verfassungslebens in der Weimarer Republik zur Folge. Ein sozialistisches Rätesystem, wie es von linken Gruppen um Karl Liebknecht und Rosa Luxemburg gefordert wurde, konnte sich nicht durchsetzen, sondern es erfolgte die Ausrufung einer parlamentarischen Demokratie. Die **Nationalversammlung in Weimar** verabschiedete 1919 eine neue **Reichsverfassung**.

Bestimmungen der Verfassung

Wie ihre Vorgängerin von 1849 enthielt diese Verfassung einen umfangreichen **Grundrechtskatalog**. Allerdings ließen sich die Grundrechte nicht einklagen. Männer und jetzt auch Frauen ab 20 Jahre verfügten über ein allgemeines, gleiches, unmittelbares und geheimes Wahlrecht zum Reichstag. Da es im Rahmen des reinen Verhältniswahlrechts **keine Sperrklausel** (z. B. 5 %-Klausel) gab, gelangten auch viele Splitterparteien in den Reichstag. Dieser stellte jetzt das entscheidende Gesetzgebungsorgan dar und musste der Reichsregierung das Vertrauen aussprechen, damit diese ihr Amt ausüben durfte. Das Volk erhielt durch die neue Verfassung auch weitere demokratische Mitwirkungsmöglichkeiten, wie z. B. **Volksbegehren** und **-entscheide** auf Antrag des Reichspräsidenten. Die Bürger bestimmten ferner durch **Direktwahl den Reichspräsidenten** für eine 7-jährige Amtszeit, wählten die Länderparlamente und hatten sogar die Möglichkeit, Gesetze über ein Volksbegehren zu initiieren.

Wahlwerbung der SPD um Stimmen der Frauen, die in Deutschland 1918 erstmals das Wahlrecht erhielten.

Der Reichspräsident, das Staatsoberhaupt, spielte eine dominierende Rolle im politischen System der Weimarer Republik. Einmal gewählt, konnte er kaum abgesetzt werden, es sei denn durch ein Strafverfahren. Er setzte die Regierung ein bzw. konnte sie auch entlassen und hatte den Oberbefehl über die Reichswehr. Darüber hinaus ernannte er die obersten Richter und verfügte nach Artikel 48 der Weimarer Reichsverfassung über ein sogenanntes **Notverordnungsrecht**, mit dessen Hilfe er sowohl das normale Gesetzgebungsverfahren umgehen als auch die Grundrechte einschränken konnte.

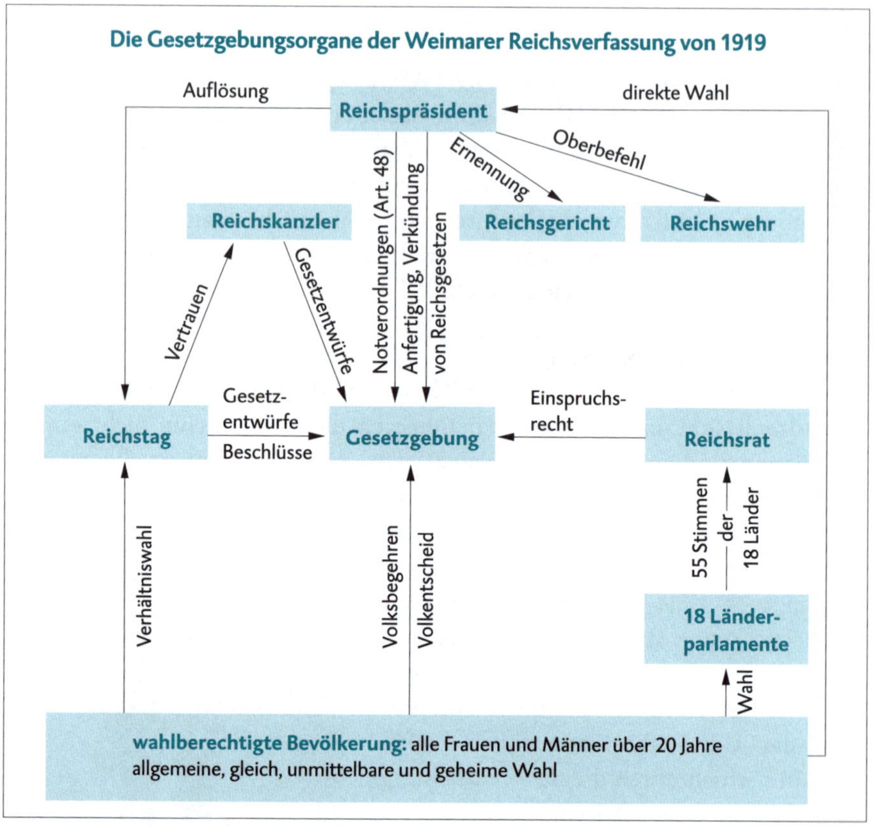

Schwächen der Verfassung

Die erste deutsche Demokratie hatte allerdings einige zentrale Schwächen:

- Die **Grundrechte** ließen sich nach **Art. 48** zu leicht **einschränken**, womit die Demokratie auf legalem Weg „ausgehöhlt" werden konnte.
- Der **Reichspräsident** verfügte über eine große **Machtfülle** und konnte so die Funktion eines „Ersatzkaisers" einnehmen.
- Die **Regierung** hatte eine zu **schwache Position** zwischen Präsident und Reichstag.
- Das Wahlrecht führte zur Zersplitterung der politischen Parteien.
- Die politischen **Parteien** waren weitgehend in ihrer **Weltanschauung** verhaftet und daher zu Kompromissen oft nicht fähig.

Die Führungsschwäche der demokratischen Politiker begünstigte links- und rechtsradikale politische Strömungen (vor allem die KPD und NSDAP). Ab 1930 wurde die Weimarer Republik zunehmend durch **Präsidialkabinette**, ohne das Parlament, auf der Grundlage von Notverordnungen nach Art. 48 regiert. Adolf Hitler kam 1933 legal an die Macht, weil die NSDAP an einer Koalitionsregierung mit konservativ-nationalen Parteien beteiligt war und das Amt des Reichskanzlers beanspruchte. Am 23. März 1933 stimmte der Reichstag, mit Ausnahme der Abgeordneten von SPD und KPD, dem **Ermächtigungsgesetz** und damit seiner völligen Entmachtung zu. Das war gleichbedeutend mit dem nach der Verfassung „legalen“ Ende der ersten deutschen Demokratie. Nach Hindenburgs Tod übernahm Hitler 1934 zu seinen Funktionen als Kanzler und Parteiführer auch noch das Amt des Reichspräsidenten.

Hindenburg (1925 – 1934 Reichspräsident) mit Hitler bei der Eröffnung des Reichstags am 21. 3. 1933

Demokratischer Neuanfang nach dem Zweiten Weltkrieg

Die Demokratie in Deutschland konnte sich erst wieder nach der Katastrophe des Zweiten Weltkrieges, nach der totalen Niederlage des Hitler-Regimes, ab 1945 entwickeln. Allerdings vollzog sich die Demokratisierung in einer Situation, in der Deutschland in vier Besatzungszonen bzw. -sektoren (Berlin) aufgeteilt war. Die Gebiete östlich von Oder und Görlitzer Neiße standen unter polnischer bzw. sowjetischer Verwaltung. Viele Millionen Flüchtlinge und Vertriebene hatten diese Gebiete verlassen und suchten eine neue Heimat westlich der genannten Grenze. Große Teile der Städte waren zerstört. Das Wirtschaftsleben war praktisch zum Stillstand gekommen.

Die vier Siegermächte Frankreich, Großbritannien, Sowjetunion und USA vereinbarten während der **Potsdamer Konferenz** im Juli/August 1945 Grundsätze für die Behandlung des besiegten Landes. Ein Ziel sollte die **Demokratisierung Deutschlands** sein. Darunter verstand die Sowjetunion etwas grundsätzlich Anderes als die drei westlichen Mächte. Die UdSSR verfolgte als Ziel, in ihrer Zone eine **volksdemokratische Ordnung** zu errichten, während die drei Westmächte parlamentarisch-demokratische Vorstellungen verwirklichen wollten. Im Kontext des beginnenden und sich verstärkenden **Kalten Krieges zwischen den Westmächten und der UdSSR** wurde eine Einigung über die Zukunft Deutschlands immer unwahrscheinlicher. Somit begannen die Besatzungsmächte in ihren jeweiligen Zonen politische Regime einzurichten, die ihren Vorstellungen entsprachen.

In den **drei westlichen Zonen** begann der politische Wiederaufbau von unten: Zuerst wurden kommunale Organe installiert, teilweise durch Wahlen, teilweise wurden Bürgermeister und Landräte von den Besatzungsmächten eingesetzt. Ab 1946 konstituierten sich einzelne (spätere Bundes-)Länder, sodass erstmals in größerem Maße freie Wahlen durchgeführt werden mussten. Insbesondere nördlich der Mainlinie entstanden überwiegend neue Länder aufgrund der **Auflösung** des einst dominierenden Landes **Preußen**. Somit wurden als neue Länder gegründet: Schleswig-Holstein, Niedersachsen, Nordrhein-Westfalen, Hessen, Rheinland-Pfalz. Bayern, Baden, Württemberg, Bremen und Hamburg konnten dagegen an alte Traditionen anknüpfen.

Gleichzeitig entwickelte sich das politische Leben, indem die Alliierten demokratische politische Parteien, Verbände und Massenmedien (Zeitungen, Rundfunkanstalten) zuließen. Auch wirtschaftlich wurden die drei westlichen Zonen enger zusammengeschlossen („Trizone"), sodass spätestens mit der Währungsreform im Juni 1948 ein einheitlicher Wirtschaftsraum entstand. Ab 1947/48 verfolgten die westlichen Siegermächte auch das Ziel, ihren drei Zonen zu einer neuen Staatlichkeit zu verhelfen. Somit entstand im August 1948 der **Parlamentarische Rat** aus 65 Abgeordneten der elf westdeutschen Landesparlamente. Dieser arbeitete unter Leitung des CDU-Abgeordneten **Konrad Adenauer** das Grundgesetz für die Bundesrepublik Deutschland aus, das am **23. 5. 1949 verkündet** wurde. Die Sowjetunion etablierte in ihrer Zone fast zeitgleich die **Deutsche Demokratische Republik** (Gründung: 7. 10. 1949). Damit war die Spaltung Deutschlands auch staatsrechtlich dokumentiert. Erst mit dem Niedergang der DDR und der **Wiedervereinigung am 3. 10. 1990** wurde dieser Zustand überwunden.

Im Zuge der **demokratischen Revolution** in den ehemaligen Ostblockstaaten, der Politik der UdSSR und schließlich veranlasst durch den Protest vieler Bürger, vollzog sich auch in der DDR eine Demokratisierung. Die ersten freien und demokratischen Wahlen zur Volkskammer, dem DDR-Parlament, fanden am 18. 3. 1990 statt. Sie bekundeten für die Befürworter der Vereinigung eine deutliche Zustimmung. Am 3. 10. 1990 gliederte sich die DDR schließlich der Bundesrepublik Deutschland an und übernahm damit auch das Grundgesetz. Außerdem wurde sie als Teil Deutschlands sofort Mitglied der Europäischen Union. Seitdem gilt in ganz Deutschland die parlamentarische Demokratie als politische Ordnung.

Das Grundgesetz als Basis und Rahmen

Das am 23. 5. 1949 verkündete Grundgesetz bildet die Basis für das staatliche Handeln in der Bundesrepublik Deutschland (ab 1990 auch für das Gebiet der neuen Bundesländer). Zwar wurde die Verfassung mehrfach ergänzt und verändert, der Kernbestand allerdings blieb immer erhalten und hat sich als Basis des demokratischen deutschen Staates bis heute bewährt.

Die Grundrechte

Die **Grundrechte** (Artikel 1–19) stehen im Grundgesetz gleich nach der Präambel. Ihre hervorgehobene Position verdeutlicht zum einen den hohen Rang dieser Rechte und ist zum anderen als Gegensatz zur Weimarer Reichsverfassung zu sehen, in der sie am Ende der Verfassung standen und der Exekutive keinen unumstößlichen Rahmen für ihre Entscheidungen setzten. Zudem konnten die Bürger der Weimarer Republik die Grundrechte nicht einklagen.

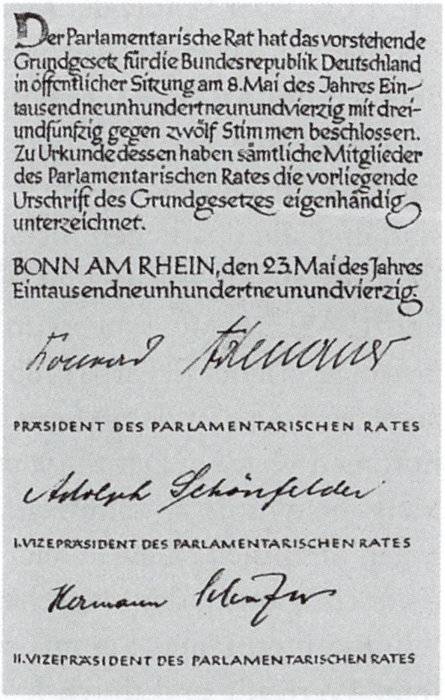
Der Parlamentarische Rat hat das vorstehende Grundgesetz für die Bundesrepublik Deutschland in öffentlicher Sitzung am 8. Mai des Jahres Eintausendneunhundertneunundvierzig mit dreiundfünfzig gegen zwölf Stimmen beschlossen. Zu Urkunde dessen haben sämtliche Mitglieder des Parlamentarischen Rates die vorliegende Urschrift des Grundgesetzes eigenhändig unterzeichnet.

BONN AM RHEIN, den 23. Mai des Jahres Eintausendneunhundertneunundvierzig.

Konrad Adenauer

PRÄSIDENT DES PARLAMENTARISCHEN RATES

Adolph Schönfelder

I. VIZEPRÄSIDENT DES PARLAMENTARISCHEN RATES

Hermann Schäfer

II. VIZEPRÄSIDENT DES PARLAMENTARISCHEN RATES

Unterzeichnung des Grundgesetzes für die Bundesrepublik Deutschland am 23. Mai 1949

Heute bilden die Grundrechte den Kern unserer Verfassungsordnung. Dieser darf in seinem Wesensgehalt nicht angetastet werden. Einzelne Veränderungen oder Ergänzungen sind allerdings nicht ausgeschlossen (was mehrmals geschehen ist), sodass neue Entwicklungen in Staat und Gesellschaft auch im Grundgesetz berücksichtigt werden können. Hinzu kommt, dass sich unsere Verfassung als **abwehrbereite**, **freiheitlich demokratische Grundordnung** versteht. Unter „abwehrbereit" wird dabei verstanden, dass sich die staatlichen Organe gegen extremistische Gefährdungen wehren sollen. Dabei spielt es keine Rolle, ob diese von rechtsextremer (z. B. neonazistischer), linksextremer (z. B. kommunistischer) oder neuerdings islamistischer Seite kommen. Somit werden auch

Verbote von diesbezüglichen Parteien und Organisationen möglich (vgl. hierzu auch Art. 18 und 21 GG; siehe dazu die Ausführungen im Abschnitt über die Parteien, hier besonders S. 55).

Die Rechtsgeschichte der Bundesrepublik Deutschland seit 1949 hat mittlerweile eine Fülle von verbindlichen Auslegungen der Grundrechte durch das BVerfG gebracht (auf der Basis von Streitfällen), was dazu führte, dass es neben dem Recht durch die Legislative ein umfangreiches **„Richterrecht" durch das BVerfG** zu Inhalt und Tragweite der Grundrechte gibt, wobei insgesamt die individuellen Rechte der Bürger gegen Staatseingriffe gestärkt wurden.

Art. 1 GG – Der Schutz der Menschenwürde

Als oberste Norm für das gesamte exekutive, legislative und judikative Handeln gilt der Art. 1 GG. Er bestimmt, dass die Würde des Menschen unantastbar ist, bekennt sich zu **„unveräußerlichen" Menschenrechten** und legt fest, dass die im Folgenden genannten Grundrechte unmittelbar geltendes Recht sind und alle staatlichen Instanzen binden. Der so gefasste Art. 1 GG ist eine Reaktion auf die Terror- und Willkürherrschaft in Deutschland zwischen 1933 und 1945. Die Menschenwürde ist nach den Entscheidungen des Bundesverfassungsgerichts (BVerfG) die wichtigste wertmäßige Festlegung des Grundgesetzes. Diese ist dem Menschen existenziell eigen und kann niemandem genommen werden. Der Staat muss alle Anstrengungen unternehmen, um die Menschenwürde zu schützen. Der Art. 1 GG beinhaltet also ein Abwehrrecht gegen öffentliche Gewalt aller Staatsorgane. Der Staat bleibt aufgefordert, Beeinträchtigungen der Menschenwürde durch Gesetze, Erlasse etc. von vornherein zu unterbinden. Somit lässt sich sagen, dass die Menschenwürde als absoluter Wert gilt und durch keine andere Norm beschränkt werden darf. Alle Bestimmungen des GG oder von Gesetzen sind unter dieser Perspektive zu betrachten.

In seiner Entscheidung zur Verfassungsmäßigkeit des Luftsicherheitsgesetzes aus dem Jahr 2006 hat dass BVerfG noch einmal diesbezügliche Maßstäbe, unter Rückgriff auf Art. 1 GG, gesetzt: es untersagte unschuldige Menschen vorsätzlich zu töten, auch wenn sich Terroristen an Bord eines Flugzeugs befinden und diese nur durch den Abschuss desselben unschädlich gemacht werden können. Ein einzelnes Menschenleben ist daher genauso wertvoll wie das Leben einer größeren Menschenmenge. Im Konfliktfall kann eine höchstrichterliche Auslegung der Grundprinzipien durch das Bundesverfassungsgericht die Entscheidung treffen. Bedeutsam ist in diesem Zusammenhang auch, dass jeder Bürger das Recht hat, beim BVerfG Klage bei einer vermuteten Grundrechtsverletzung zu erheben.

Einteilung der Grundrechte

Die Grundrechte lassen sich inhaltlich **vier Bereichen** zuordnen:

- Den größten Teil nehmen die **Freiheitsrechte** ein. Sie stellen historisch den Kern der Grundrechte dar und bildeten zwischen dem 18. und 20. Jahrhundert die Hauptzielsetzung der demokratischen und liberalen Bewegung. Dabei ging es vor allem um Abwehrrechte des einzelnen Bürgers gegen absolutistisches, autoritäres oder einfach willkürliches staatliches Handeln, das die Individualrechte ungerechtfertigt beeinträchtigte. Zu diesen Freiheitsrechten zählen das Recht auf Leben und körperliche Unversehrtheit, die Freiheit des Glaubens, des politischen Bekenntnisses, des Gewissens, der Wissenschaft, der Presse, der Meinung, der Versammlung, des Berufes und die Freizügigkeit. Ferner zählen dazu das Postgeheimnis sowie die Unverletzlichkeit der Wohnung. In diesem Sinne finden sich Freiheitsrechte in den Art. 2, 4, 5, 8–11, 12, 13, 16, 16 a, 17 GG. Beschränkungen dieser Rechte unterliegen strengen rechtsstaatlichen Kriterien und müssen durch Gesetze abgesichert sein, die wiederum den grundgesetzlichen Normen nicht widersprechen dürfen.
- Ein zweiter Bereich umfasst die **Gleichheitsrechte**. Der Begriff Gleichheit beinhaltet in diesem Zusammenhang nicht die Forderung nach sozialer Gleichheit (z. B. Angleichung der Einkommensverhältnisse). Es geht um die staatsbürgerliche Gleichbehandlung. In diesem Sinne gebietet ein Willkürverbot, Gesetze und Vorschriften für alle gleich anzuwenden. Dies gilt auch für das Wahlrecht. Ein besonderes Augenmerk legt das Grundgesetz darauf, Diskriminierungen bestimmter Gruppen zu unterbinden, z. B. bezüglich des Geschlechts, der Religion, der politischen Anschauung (vgl. hierzu besonders Art. 3 GG).
- Einen dritten Bereich nehmen **Verfahrensrechte** ein, also Rechte des einzelnen Bürgers, die er in Streit- und Konfliktfällen ausüben bzw. erlangen kann. In diesem Sinne garantiert das Grundgesetz Rechtsschutz; in juristischen Streitfällen entscheiden gesetzliche Richter, außerdem ist Freiheitsentzug nur auf der Grundlage rechtsstaatlicher Verfahren zulässig (vgl. hierzu Art. 19, Abs. 4 GG).
- Der vierte Bereich der Grundrechte umfasst **institutionelle Garantien** für Ehe und Familie, das Privateigentum sowie das Recht auf Erbschaften (vgl. hierzu die Art. 6, 7, 14, 15, 16 a, 17 GG). Das heißt, der Staat darf diese Institute zwar regeln oder beschränken (z. B. das Eigentum), muss sie aber im Kern gewährleisten und darf sie nicht bis auf Null beschränken.

Grundpflichten

Neben Grundrechten enthält das Grundgesetz auch einzelne Aussagen zu **Grundpflichten** der Bürger. In Art. 12 a GG findet sich eine besondere Verpflichtung gegenüber dem Staat: der Wehrdienst oder als Alternative der Zivildienst für Männer vom achtzehnten Lebensjahr an vor. Zum 1. 6. 2011 wurde die Wehrpflicht durch Bundesgesetz ausgesetzt – das Grundgesetz wurde nicht geändert. Damit entfallen die Einberufungen zur Bundeswehr. Anstelle des Zivildienstes gibt es seitdem den Bundesfreiwilligendienst.

Bei der Frage der konkreten politischen Ausprägung von Grundrechten entsteht häufig Streit, der durch legislative und juristische Verfahren geklärt wird. Die Streitenden zeigen dabei oft ein unterschiedliches Verständnis von Grundrechten. Ein gutes Beispiel liefert die Diskussion über die Garantie des Art. 14 GG auf das private Eigentum. Im selben Artikel steht aber auch, dass dessen Gebrauch dem Wohl der Allgemeinheit dienen soll. Nur zu Letzterem ist auch eine Enteignung von Privatbesitz legitim, wobei eine angemessene Entschädigung zu zahlen ist. Je nachdem, wie man diesen Artikel interpretiert, wird man zu bestimmten Schlussfolgerungen gelangen, die entweder die individuellen Rechte der Eigentümer oder eher die öffentlichen Interessen berücksichtigen. So werden z. B. Vertreter der liberaleren Interpretationsrichtung bei Straßenbauprojekten auf privatem Gelände eine Enteignung und Entschädigung der Grundbesitzer eher ablehnen, während die Befürworter der öffentlichen Interessen der Notwendigkeit einer Enteignung eher zustimmen dürften.

Grundrechte – Menschenrechte – Bürgerrechte

Parallel zum Begriff Grundrechte tauchen die Bezeichnungen Menschenrechte, soziale Grundrechte und Bürgerrechte auf. Unter **Menschenrechten** versteht man übergeordnete Rechtsnormen. Diese Rechte, die dem Menschen **von Natur** aus zustehen, dürfen daher durch keine Staatsgewalt angetastet werden. Die zentrale Aussage ist die von der „Würde des Menschen“. Grundrechte und Menschenrechte bilden keine Gegensätze. Sie sind in der jeweiligen Verfassung beschrieben und oberstes staatliches Recht.

Innerhalb der Grundrechte unterscheidet man zuweilen **politische** und **soziale Grundrechte**, neuerdings ergänzt um die Forderung nach **ökologischen** Rechten. Diese drei Ausprägungen basieren auf der historischen Entwicklung. Standen ursprünglich ausschließlich Freiheits- und Abwehrrechte des einzelnen Bürgers gegenüber Willkürmaßnahmen des Staates im Vordergrund (politische Dimension), trat im 19. Jahrhundert die soziale Dimension hinzu, um insbesondere die soziale und ökonomische Lage des Proletariats und anderer benachteiligter Gruppen zu verbessern. Seit einigen Jahren gewinnt auch die ökologische Forderung nach der Erhaltung der natürlichen Lebensgrundlagen der Menschheit an Bedeutung.

Die **Bürgerrechte** stellen eine spezielle Ausprägung der Grundrechte dar; sie gelten nur für die Staatsbürger eines Staatswesens. Das heißt, dass zum Beispiel nur deutsche Staatsbürger Beamte werden oder den Bundestag wählen dürfen. Allerdings wird die Abgrenzung zwischen Bürger- und Grundrechten dadurch schwieriger, dass immer mehr Bürgerrechte auch den in Deutschland lebenden Ausländern verliehen werden. So dürfen sich die EU-Bürger in allen Mitgliedsstaaten nicht nur an den Wahlen zum Europäischen Parlament beteiligen, sondern auch an den Kommunalwahlen in ihrem Wohnort.

Die bundesstaatliche Ordnung

Eine wichtige Charakterisierung der Bundesrepublik Deutschland ist in Art. 20 GG enthalten. Danach ist unser Land ein **demokratischer und sozialer Bundesstaat**, in dem die Staatsgewalt vom Volke ausgeht und die Gewaltenteilung von Exekutive, Legislative und Judikative gewährleistet wird. Mit der Festlegung auf die bundesstaatliche Ordnung knüpft das Grundgesetz an lange bestehende Traditionen der deutschen Geschichte an. Bis auf die Zeit des Nationalsozialismus und die Periode der DDR war das Gebiet Deutschlands immer in Fürstentümer bzw. Länder gegliedert, die eine mehr oder weniger ausgeprägte Eigenständigkeit besaßen. Konflikte gab und gibt es immer wieder bezüglich der Frage, wie stark die Individualität der Länder ausgeprägt sein darf, ohne dass die gesamtstaatlichen Belange darunter leiden. Oder aus der Perspektive der Bundesländer: Wie groß müssen die Kompetenzen der Länder sein, damit deren Eigenständigkeit gesichert bleibt? Besonders deutlich wird dies bezüglich der den Ländern zustehenden Kompetenz in der Bildungspolitik. Ist es richtig, dass es in Deutschland 16 eigenständige Schulsysteme gibt mit all den daraus folgenden Konsequenzen für Schüler, Lehrer, Lehrmaterial etc.?

Eine weitere Frage bezüglich der bundesstaatlichen **(föderalistischen)** Ordnung stellt sich im Zusammenhang mit der Zahl der Bundesländer, ihrer Größe und Leistungsfähigkeit. Bisher unterscheiden sich die 16 Länder sehr in den genannten Aspekten. Länderfusionen sind aber ausgesprochen schwierig und scheitern an starken regionalen Interessen. Bisher ist es nur einmal gelungen, auf diese Weise ein neues Bundesland zu bilden: 1952 entstand Baden-Württemberg durch den Zusammenschluss von Baden und Württemberg.

Die kommunale Selbstverwaltung

Ein wesentliches Element demokratischer Systeme stellt **die kommunale Selbstverwaltung** dar, also die unterste Ebene des Staatsaufbaus. In Deutschland sind das Gemeinden, Städte, kreisfreie Städte, Landkreise und verschiedenste kommunale Verbände. In Art. 28 GG werden sowohl der Bestand der kommunalen Ebene als auch der dazugehörige Aufgabenkreis garantiert.

Die Aufgaben der Kommunen sind grundsätzlich örtlich bezogen, jedoch so, dass die Gemeinden nur dann nicht zuständig sind, wenn Bundes- oder Landesgesetze anderes vorschreiben. Im Sinn der **Subsidiarität** sollen auch Gemeinden Aufgaben an freiwillige Träger weitergeben. Rechtlich lassen sich **Pflicht- und freiwillige Aufgaben** unterscheiden, dabei handelt es sich zum einen um die Ausführung staatlicher Vorschriften und zum anderen um Leistungen, die Gemeinden erbringen möchten. Zu den Pflichtaufgaben gehören beispielsweise die Aufgabenbereiche Sozialhilfe, Jugendämter, Abfallbeseitigung, Energieversorgung sowie Bauplanung. Außerdem wird den Gemeinden die Rechts- und Fachaufsicht über weitere öffentliche Angelegenheiten, wie die Feuerwehr, den Rettungsdienst, den Katastrophenschutz oder das Wohngeld, übertragen. Freiwillige Aufgaben können die Förderung bzw. Unterhaltung von Freizeiteinrichtungen wie Schwimmbädern und Sportstätten, Theatern, Museen und anderer Institutionen z. B. für Senioren betreffen.

Die Willensbildung auf der kommunalen Ebene hat aufgrund der historischen Gegebenheiten **vier Grundmodelle**, vier Haupttypen von Kommunalverfassungen, hervorgebracht. Alle sehen vor, dass die Bürger „ihr Parlament", den Gemeinderat, wählen. Unterschiede existieren bei der Wahl sowie bei den Zuständigkeiten des Bürgermeisters, des Gemeinderates und des Verhältnisses zwischen Bürgermeister, Gemeinderat und Verwaltung. Außerhalb der Wahlen zu den Gemeinderäten verfügen die Bürger meist auch noch über das Recht, über **Bürgerbegehren** und **Bürgerentscheide** in bestimmten Sachfragen mitzuentscheiden. Auch bei den **Gemeindewahlen** verfügen die Wähler über vermehrte Abstimmungsmöglichkeiten. Anstatt nur eine oder zwei Stimmen können sie z. T. mehr als drei Stimmen abgeben. Diese kann der Wähler oft **panaschieren** (Verteilung der Stimmen auf verschiedene Listen oder Personen) oder **kumulieren** (Konzentration aller Stimmen auf eine Person oder Liste). Diese Möglichkeiten stärken bekannte Persönlichkeiten und reduzieren z. T. den Einfluss von Parteien.

Die wichtigsten Institutionen

Neben den Grundrechten legt das Grundgesetz schwerpunktmäßig fest, welche staatlichen **Organe auf Bundesebene** existieren sollen, wie ihre Mitglieder bestimmt werden und welche Rechte und Pflichten mit den jeweiligen Organen verbunden sind. Bei den staatlichen Institutionen handelt es sich um die **Legislative** (Bundestag und Bundesrat), die **Exekutive** (Bundesregierung und Bundespräsident) sowie die **Judikative** (Bundesverfassungsgericht und Oberste Bundesgerichte).

Alle Institutionen existieren zwar autonom, sind aber miteinander verwoben, was auch für den vertikalen Staatsaufbau und die dazugehörigen Institutionen (Gemeinden, Länder, Bund und Europäische Union) gilt.

Die Verfassungsorgane der Bundesrepublik Deutschland

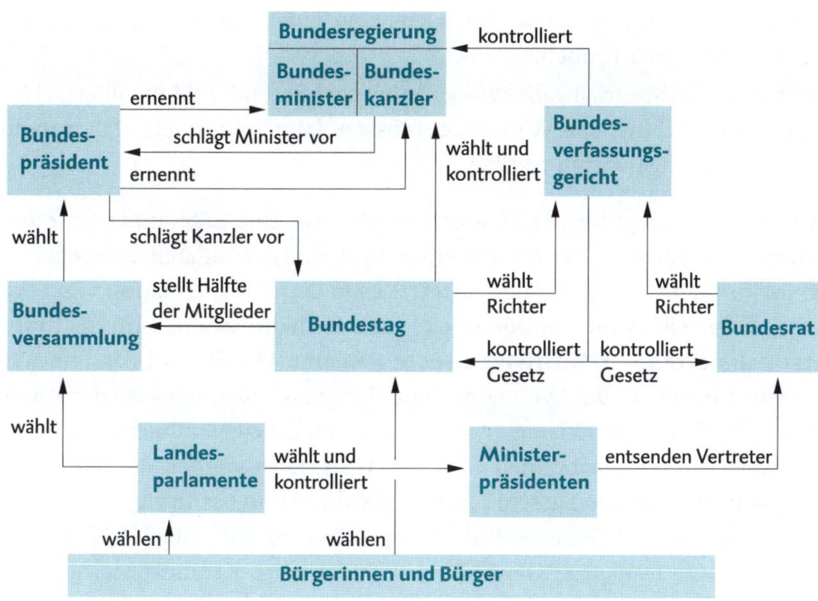

Der Bundestag

Wahl

Die zentrale Position im Gefüge der Institutionen nimmt der Deutsche Bundestag ein, vertritt er doch im Sinne der repräsentativen Demokratie den Souverän, nämlich das wahlberechtigte Volk. Die Bundestagsabgeordneten als Repräsentanten der Bürger werden nach Art. 38, 39 GG in allgemeinen, unmittelbaren, freien, gleichen und geheimen Wahlen in der Regel nach einem Zeitraum von vier Jahren neu bestimmt. Die Grundsätze bedeuten:

- **allgemein:** Alle Staatsbürger wählen und können gewählt werden (in Deutschland ab 18 Jahren; **aktives** und **passives** Wahlrecht).
- **unmittelbar:** Die Abgeordneten werden direkt und ohne dazwischengeschaltete Wahlmänner bestimmt.
- **frei:** Der Wähler ist frei, Kandidaten oder Parteien (Listen) seiner Wahl ohne Zwang zu bestimmen oder sich der Wahl zu enthalten.
- **gleich:** Jede Stimme zählt gleich viel und jeder Wähler verfügt über die gleiche Zahl an Stimmen.
- **geheim:** Die Stimmabgabe erfolgt unbeobachtet und unkontrolliert, z. B. in einer Wahlkabine. Die Wahlzettel müssen dann zusammengefaltet in eine Wahlurne eingeworfen werden.

Jeder Wähler verfügt bei der Bundestagswahl über eine **Erst-** und eine **Zweitstimme**. Die Erststimme wird für einen Wahlkreiskandidaten abgegeben, die Zweitstimme für die Liste einer Partei. Wegen dieser Kombination von Personen- und Parteienwahl, von Mehrheits- und Verhältniswahl, wird das System **personalisiertes Verhältniswahlrecht** genannt. Damit wird das reine Verhältniswahlrecht aus der Weimarer Republik um die Komponente der Persönlichkeitswahl ergänzt. Beispiele für das reine Mehrheitswahlrecht finden sich gegenwärtig in Großbritannien oder den USA. Dort werden die Abgeordneten zu den Parlamenten ausschließlich in Wahlkreisen bestimmt.

Die Hälfte der 598 Sitze des Bundestags (299) wird über die Wahlkreise mit der Erststimme festgelegt. Gewählt ist dort derjenige Kandidat, der die meisten Stimmen erhalten hat **(relative Mehrheitswahl)**. Entscheidend für die endgültige Zusammensetzung des Parlaments sind jedoch die Zweitstimmen für die Parteien. Dabei muss eine Partei wenigstens 5 % der Zweitstimmen **(5 %-Sperrklausel)** oder mindestens drei Wahlkreise über die Erststimmen gewinnen, um im Bundestag vertreten zu sein. Die Zweitstimmen werden dann nach dem **Sainte-Laguë-/Schepers-Verfahren** ausgezählt. Dabei werden die Zweitstimmen einer Partei in ganz Deutschland durch 1, 3, 5 … geteilt. Die so entstehenden sogenannten Höchstzahlen aller Parteien werden absteigend geordnet. Entsprechend dieser Reihenfolge werden dann die zu vergebenden Sitze verteilt.

Ist die Gesamtzahl der Sitze für eine Partei ermittelt, werden die Sitze für die 16 Landeslisten – entsprechend dem Zweitstimmen-Ergebnis der Partei in den 16 Bundesländern – errechnet. Weiß man, wie viele Abgeordnete einer Partei aus einem Bundesland kommen, verrechnet man diese Zahl mit den Abgeordneten derselben Partei, die Wahlkreise direkt gewonnen haben. Die noch fehlenden Abgeordneten stammen dann von der Landesliste der Partei. Hat eine Partei mehr Sitze über die Erststimmen erworben, als ihr nach dem Landesergebnis der Zweitstimmen zustehen, dürfen trotzdem alle direkt gewählten Kandidaten in den Bundestag einziehen. Dann erhöht sich die Zahl der Bundestagssitze um sogenannte **Überhangmandate**. Bei der Bundestagswahl 2009 gab es 24 solcher Mandate, die alle auf die CDU/CSU entfielen. Mittlerweile sind 2 Abgeordnete, die auf diese Weise in den Bundestag gewählt worden waren, aus dem Parlament ausgeschieden, sodass die Unionsfraktion 2 Sitze verloren hat, da Überhangmandate nicht nachbesetzt werden.

Verfahren der Stimmenverrechnung nach Sainte-Laguë/Schepers

11 Sitze sind zu vergeben;
Partei A: 6 000 Stimmen, Partei B: 4 000 Stimmen, Partei C: 1 800 Stimmen

Schritt 1: Die Stimmzahlen der einzelnen Parteien werden durch 1, 3, 5 etc. geteilt

	Partei A	Partei B	Partei C
÷ 1	6 000	4 000	1 800
÷ 3	2 000	1 333	600
÷ 5	1 200	800	360
÷ 7	857	571	257
÷ 9	666	444	200

Schritt 2: Die sich ergebenden Zahlen werden in eine Reihenfolge gebracht, bis keine Sitze mehr zu verteilen sind.

1	6 000	Partei A	7	857	Partei A
2	4 000	Partei B	8	800	Partei B
3	2 000	Partei A	9	666	Partei A
4	1 800	Partei C	10	600	Partei C
5	1 333	Partei B	11	571	Partei B
6	1 200	Partei A			

Schritt 3: Es wird ausgezählt, welcher Partei wie viele Mandate zustehen.
Partei A: 5 Mandate, Partei B: 4 Mandate, Partei C: 2 Mandate

Stellung der Abgeordneten

Die gewählten Abgeordneten üben ein **freies Mandat** aus (Art. 38 GG). Danach stellt ihr Gewissen die letzte Entscheidungsinstanz dar, sodass sie zu keinem bestimmten Verhalten, z. B. bei Abstimmungen, gezwungen werden können. Andererseits erhalten die meisten Abgeordneten ihr Mandat nur dadurch, dass eine politische Partei sie nominiert hat. Daraus folgt im Regelfall eine weitgehende Loyalität gegenüber der Mehrheit der anderen Abgeordneten der Fraktion (Fraktionsdisziplin).

Um der Abgeordnetentätigkeit nachgehen zu können, sichern die folgenden Rechte die Unabhängigkeit der Parlamentarier: Sie genießen **Immunität** (Art. 46 GG), also den Schutz vor Strafverfolgung, es sei denn, der Bundestag hebt diesen auf oder der Abgeordnete wird auf frischer Tat ertappt. Die **Indemnität** (Art. 46 GG) ist eine Straffreiheit für politische Handlungen. Abgeordnete dürfen wegen Abstimmungen oder Äußerungen im Bundestag weder gerichtlich noch dienstlich verfolgt werden. Das **Zeugnisverweigerungsrecht** (Art. 47 GG) stellt sicher, dass die Abgeordneten keine Informationsquellen nennen müssen, was ihr Kontrollrecht gegenüber der Regierung schützen soll. Da Abgeordnete während ihrer Mandatszeit praktisch keinen anderen Beruf ausüben können, haben sie als Berufspolitiker Anspruch auf eine angemessene finanzielle Entschädigung. Ob die sogenannten **Diäten** (Art. 48 GG) zu hoch oder zu niedrig angesetzt sind, wird häufig kontrovers diskutiert. Dabei spielt auch eine Rolle, dass der Bundestag, also die Abgeordneten selbst, über die Diäten entscheidet. Ab 1. 1. 2013 beträgt die Grundentschädigung für den Abgeordneten 8 252 Euro. Hinzu kommen weitere Leistungen, z. B. für die Beschäftigung von Mitarbeitern (bis zu 15 023 Euro/Monat), für die Krankenversicherung, Funktionsbezüge (z. B. als Fraktionsvorsitzender), Übergangsgehälter beim Ausscheiden aus dem Bundestag, Leistungen für Fahrten im Bundesgebiet, Pensionsansprüche nach dem Ende der Tätigkeit.

Organisation des Bundestags

Die Abgeordneten einer Partei oder politisch verwandter Parteien im Bundestag bilden eine **Fraktion**. Die Mindestanzahl zur Bildung einer Fraktion liegt bei 5 % der Abgeordneten (also 30). Unterhalb dieser Grenze können sich Abgeordnete zu Gruppen zusammenschließen. Die Fraktionen lenken die Parlamentsarbeit. Für die Abgeordneten ist die Fraktion ihr „parlamentarisches Zuhause“, da dort alle politischen Fragen offen und unter Ausschluss der Öffentlichkeit diskutiert werden. Dabei kristallisiert sich die „politische Linie“ der Fraktion heraus, die dann durch Fraktionsexperten oder den Fraktionschef nach außen hin vertreten wird. Fraktionen stellen Anträge bzw. Anfragen im Parlament und besetzen die Parlamentsgremien entsprechend ihrer Abgeordnetenzahl. Ohne die koordinierende Arbeit der Fraktionen würde die Parlamentsarbeit bei 598 „Einzelkämpfern“ eher chaotisch ablaufen. Folglich erwarten die Fraktionen von ihren Mitgliedern die Einhaltung der **Fraktionsdisziplin**, nachdem vor Entscheidungen jeder Einzelne für seine Meinung intern gestritten hat. Nur bei ausgesprochenen Gewissensentscheidungen, wie z. B. über die Todesstrafe oder Kriegseinsätze, heben die Fraktionen diese Disziplin auf, d. h. sie **geben die Abstimmung frei**.

Die Organisation des Deutschen Bundestags ist arbeitsteilig angelegt. Neben den Fraktionen gibt es zahlreiche Ausschüsse, Kommissionen, das Präsidium des Bundestags sowie die Bundestagsverwaltung.

Entsprechend der Struktur der Bundesregierung existieren im Bundestag über zwanzig **Fachausschüsse**, die meist dem Aufgabenbereich eines Ministeriums entsprechen. In jedem Ausschuss sind die Fraktionen entsprechend ihrer Gesamtstärke im Bundestag vertreten, dies gilt auch für die Besetzung der Posten der Ausschussvorsitzenden. Die Fraktionen entsenden Abgeordnete in die Ausschüsse, die sich auf das betreffende Fachgebiet spezialisieren und auch innerhalb ihrer Fraktion meinungsbildend wirken. Neben den Fraktionen bilden die Fachausschüsse das Hauptarbeitsfeld der Abgeordneten. Weil diese Gremien meist nichtöffentlich tagen, sind intensive Beratungen zu allen Fragen möglich. Denn hier muss der Abgeordnete nicht auf einen öffentlichkeitswirksamen Auftritt für sich und die eigene Fraktion achten. Folglich sind die Abgeordneten der Regierungsparteien häufiger bereit, Änderungen von Regierungsvorlagen – auch auf Anregung der Opposition – zu akzeptieren. Vielfach finden dazu Expertenanhörungen statt, die es den Abgeordneten ermöglichen sollen, sich ein unabhängiges Urteil über ein Problem zu bilden.

Zusätzlich kann der Bundestag auch Ausschüsse bilden, die sich mit einzelnen speziellen Problemen befassen. Hierzu zählen die **Untersuchungsausschüsse**, wie z. B. zur CDU-Spendenaffäre, die ähnlich vorgehen können wie die Justizbehörden. **Enquetekommissionen** befassen sich mit grundlegenden gesellschaftlichen Problemen. Hierbei wirken Abgeordnete und außerparlamentarische Experten zusammen.

Ein besonderer Ausschuss ist der **Vermittlungsausschuss**, der aus 32 Mitgliedern, 16 vom Bundesrat (pro Bundesland ein Mitglied) und einer gleichen Anzahl von Bundestagsabgeordneten besteht. Dieser Ausschuss soll helfen, bei Gesetzesvorhaben, die zwischen Bundestag und -rat umstritten sind, eine Einigung zu erzielen.

Der größte Teil der Tätigkeit von Abgeordneten vollzieht sich in den Ausschüssen, Fraktionen und im Wahlkreis. Für die Öffentlichkeit sichtbar sind meist nur die öffentlichen Debatten und Beschlussfassungen in den **Plenarsitzungen des Bundestags**. Nur selten sind alle Abgeordneten anwesend, zuweilen sogar nur eine Minderheit. Bei Abstimmungen wird vorher die Anwesenheit zwischen den Fraktionen geklärt, sodass auch in solchen Situationen die Mehrheitsverhältnisse bestehen bleiben. Die Leitung der Bundestagssitzungen obliegt dem **Bundestagspräsidenten**. Zusammen mit seinen Stellvertretern, die meist aus allen Fraktionen stammen, leitet und strukturiert er Sitzungen und achtet auf deren ordnungsgemäße Durchführung. Dies betrifft beispielsweise die Rededauer, die Angemessenheit des Ausdrucks und Zwischenfragen. Protokollarisch repräsentiert der Bundestagspräsident eines der höchsten Verfassungsorgane und rangiert nach dem Bundespräsidenten an zweiter Stelle, noch vor dem Bundeskanzler.

Das Bundestagspräsidium ist Teil des **Ältestenrates**, dem zusätzlich 23 erfahrene Abgeordnete aus allen Fraktionen angehören, um die Sitzungen zu planen und zu strukturieren.

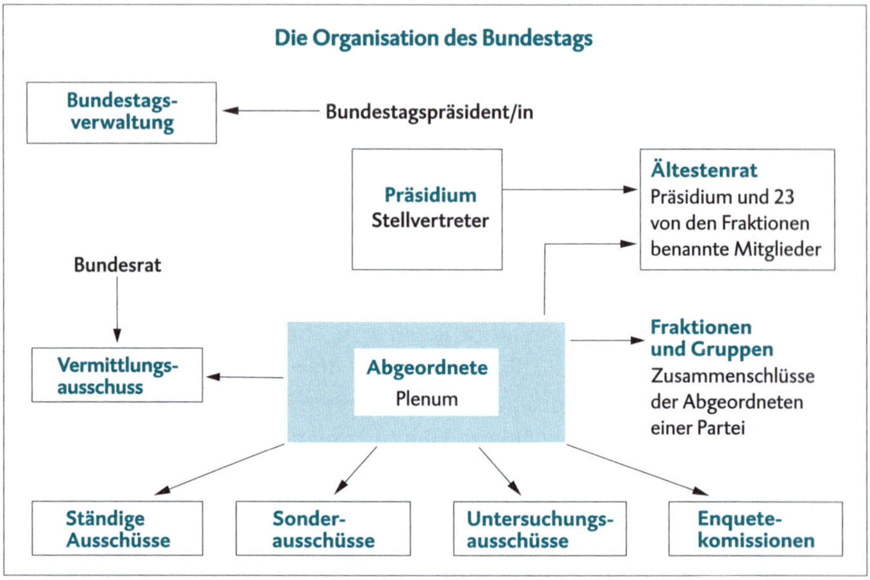

Die Aufgaben des Bundestags

Die **Aufgaben des Bundestags** sind im Grundgesetz festgelegt und ergeben sich aus der täglichen politischen Praxis.

Nach jeder Bundestagswahl besteht die Aufgabe der **Regierungsbildung**. Der Bundestag wählt auf Vorschlag des Bundespräsidenten einen neuen Bundeskanzler (Art. 63 GG). Der Kandidat benötigt für seine Wahl in den ersten beiden Wahlgängen die **absolute Mehrheit („Kanzlermehrheit")**. Erhält ein Kandidat ab dem dritten Wahlgang die einfache Mehrheit, kann der Bundespräsident diesen zum Kanzler ernennen oder den Bundestag auflösen und Neuwahlen ausschreiben. Der Sturz eines Kanzlers kann nur durch das **konstruktive Misstrauensvotum** (Art. 67 GG) erfolgen. Dabei spricht der Bundestag dem Kanzler sein Misstrauen aus und wählt gleichzeitig einen Nachfolger mit absoluter Mehrheit. Mit dieser Regelung soll ein schneller Regierungssturz ohne Bildung einer Nachfolgeregierung, wie z. B. in der Weimarer Republik, vermieden und das politische System stabilisiert werden. Der Kanzler ist damit die zentrale politische Figur des deutschen Regierungssystems, sodass dieses auch als **Kanzlerdemokratie** bezeichnet wird.

Mit diesen Bestimmungen wird erreicht, dass sich im Bundestag klare politische Mehrheiten für die künftige Regierung bilden. Folglich arbeiten die Regierungsfraktionen ihr Programm und ihre Vorschläge für die Regierungsmitglieder vor der Kanzlerwahl genau aus. Die Minister werden hingegen nicht vom Bundestag gewählt: Der Kanzler schlägt sie dem Bundespräsidenten vor, der sie dann ernennt. Aufgrund dieses Zustandes ist es nicht abwegig, wenn man den Kanzler und die dazugehörigen Bundesminister als die Spitze der Mehrheit des Parlaments bezeichnet. Daher muss die Gewaltenteilungslehre für das deutsche System insofern modifiziert werden, als die Regierung und die sie tragende Parlamentsmehrheit eine politische Einheit bilden, der die Opposition des Parlaments gegenübersteht.

Außerdem stellt der Bundestag die Hälfte der Mitglieder der **Bundesversammlung**, die den Bundespräsidenten wählt (Art. 54 GG). Auch die Hälfte der Mitglieder des **Bundesverfassungsgerichts** wählt der Bundestag.

Die **Gesetzgebung** des Bundes ist ein weiterer Bereich, an dem der Bundestag beteiligt ist. Nachdem der Bereich der Rahmengesetzgebung durch die Reform der Beziehungen zwischen Bund und Ländern **(Föderalismusreform)** weggefallen ist, unterscheidet man dabei zwei Gesetzgebungsbereiche:

- die **ausschließliche Gesetzgebung**, z. B. für Außenpolitik, Verteidigung, Geldwesen,
- die **konkurrierende Gesetzgebung**, die die meisten Bereiche der Innenpolitik betrifft.

Als zentrale Aufgabe der Gesetzgebung gilt die **jährliche Verabschiedung des Bundeshaushalts**. Darin sind die Einnahmen und Ausgaben des Bundes für ein Kalenderjahr aufgeführt (für 2012: Einnahmen und Ausgaben von 306 Mrd. €). Mit dem Haushalt werden gleichzeitig auch zahlreiche Maßnahmen, Verordnungen, Gesetze beschlossen.

Bis auf die Gebiete der ausschließlichen Gesetzgebung muss der Bundestag bei Gesetzen auch im Bundesrat eine Mehrheit für seine Vorhaben erzielen, da auch immer Länderinteressen berührt werden. Hier wird deutlich, wie wichtig der Vermittlungsausschuss zwischen Bundestag und Bundesrat sein kann.

Im Sinne der klassischen Gewaltenteilungslehre müsste eigentlich der gesamte Bundestag die **Regierung** und deren nachgeordnete Behörden **kontrollieren**. Aufgrund der engen Verflechtung zwischen der Regierung und den sie tragenden Fraktionen kommt diese Aufgabe der gesamten **Opposition** im Parlament zu. Diese bildet meist keinen einheitlichen Block und setzt sich aus mehreren Fraktionen zusammen. Die Opposition verfügt über folgende **Kontrollinstrumente:**

- **Große Anfragen:** Hierbei antwortet die Regierung schriftlich auf eine grundsätzliche politische Frage von größerer Reichweite, wobei sich eine Debatte im Plenum des Bundestags anschließt.
- **Kleine Anfragen:** Die Regierung beantwortet nur schriftlich Fragen von Fraktionen, die eher Einzelaspekte betreffen.
- **Fragestunde:** Vor Beginn jeder Bundestagssitzung muss sich die Regierung den Fragen der Abgeordneten stellen.
- **Aktuelle Stunden:** Spontan und zeitlich begrenzt wird auf Antrag ein aktuelles Thema im Bundestag diskutiert.
- In den **Fachausschüssen**, **Parlamentarischen Untersuchungsausschüssen** und bei **Plenardebatten** kann die Opposition ihrer Aufgabe genügen. Dies gilt insbesondere bei der jährlichen Beratung des Bundeshaushalts.

Parlamentarische Kontrollrechte

Große Anfrage
- Schriftliche Anfrage zu einem größeren politischen Themenkomplex durch eine Fraktion bzw. mindestens 5 % der Abgeordneten.
- An die Beantwortung durch die Bundesregierung schließt sich i. d. R. eine Bundestagsdebatte an.

Fragerechte des Bundestages
Hauptfunktionen:
- Beschaffung von Informationen.
- Öffentliche Herausforderung der Regierung durch die Opposition.
- Gelegenheit, die Haltung der Opposition darzulegen.

Kleine Anfrage
- Schriftliche Anfrage zu konkreten Einzelthemen durch eine Fraktion bzw. mindestens 5 % der Abgeordneten.
- Schriftliche Antwort durch das jeweils zuständige Ministerium.

Fragestunde
- Einzelfragen zur mündlichen/schriftlichen Beantwortung, von einzelnen Abgeordneten eingebracht.
- Mündliche Beantwortung in den beiden wöchentlichen Fragestunden des Bundestags.
- Möglichkeit für die Abgeordneten, mit Zusatzfragen nachzuhaken.

Aktuelle Stunde
- Politische Debatte mit Kurzbeiträgen zu aktuellem Thema, auf Verlangen einer Fraktion bzw. von mindestens 5 % der Abgeordneten oder nach Vereinbarung im Ältestenrat.
- Redezeit für die Abgeordneten: 5 min, Gesamtdauer: 1 Stunde + Redezeit der Regierung

Kritik am Bundestag

Der Bundestag wird immer wieder kritisiert. Diese Kritik mündet meist in der Feststellung, dass er die gestellten Aufgaben und Funktionen nur schlecht oder begrenzt erfülle. Ein Kritikpunkt betrifft die **Zusammensetzung des Parlaments**, da Beamte, Angestellte des öffentlichen Dienstes, Verbandsvertreter und Hochschulabsolventen überrepräsentiert seien. Folglich spiegele der Bundestag die Sozialstruktur der Bevölkerung nicht wider und könne deshalb auch deren Probleme nicht richtig artikulieren. Ein weiterer Kritikpunkt stellt heraus, dass sich der Bundestag zu sehr als **„Gesetzgebungsmaschinerie“** verstehe, sich auf Details fixiere und zu wenig Zeit für die Diskussion zentraler politischer Fragen habe. Im Plenum würden nur noch **Statements** abgegeben und keine wirklichen Debatten stattfinden; die Fraktionen achteten zunehmend darauf, öffentlichkeitswirksam aufzutreten. Der Einfluss der Parteien bzw. der Partei- und Fraktionsführungen sei so stark, dass die einzelnen Abgeordneten vielfach nur eine Statistenrolle spielten. Allenfalls in den Angelegenheiten ihres Wahlkreises könnten sie Einfluss ausüben. Ferner nennen Kritiker einen Aspekt, der mit der zunehmenden Kompliziertheit des modernen Gesellschafts- und Wirtschaftslebens sowie der steigenden internationalen Verflechtung zu tun hat: Immer häufiger könne der Bundestag bei Problemen nicht anders als den sich daraus ergebenden Sachgesetzlichkeiten, den Sachzwängen, zu folgen. Echte Alternativen existierten folglich kaum. Der Bundestag verliere damit demokratische Glaubwürdigkeit.

Der Bundesrat

Zusammensetzung des Bundesrats

Die Mitglieder des Bundesrats vertreten das Volk eher indirekt. Sie werden von den Landesregierungen in den Bundesrat entsandt. Somit vertreten sie die jeweiligen Landtagsmehrheiten und sind an die Weisungen der Regierungen gebunden. Die Stimmen eines Landes dürfen nur einheitlich abgegeben werden. Folglich sprechen die Stimmführer eines Landes, z. B. die Ministerpräsidenten oder die Bundesratsminister, für die Gesamtheit der Landesregierung.
Die **Bundesländer** verfügen über ein **unterschiedliches Stimmengewicht**, das von der Einwohnerzahl abhängig ist:

- mindestens drei Stimmen (Bremen, Hamburg, Mecklenburg-Vorpommern, Saarland),
- vier Stimmen für Länder mit mehr als zwei Millionen Einwohnern (Berlin, Brandenburg, Rheinland-Pfalz, Sachsen, Sachsen-Anhalt, Schleswig-Holstein, Thüringen),
- fünf Stimmen bei mehr als sechs Millionen Einwohnern (Hessen),
- sechs Stimmen bei mehr als sieben Millionen Einwohnern (Baden-Württemberg, Bayern, Niedersachsen, Nordrhein-Westfalen).

Insgesamt kommen 69 Stimmen zusammen. So sind kleine Länder wie die Stadtstaaten Hamburg (1,77 Mio.) oder Bremen (0,66 Mio.) über-, Nordrhein-Westfalen (18 Mio.) mit einem Fünftel der deutschen Bevölkerung unterrepräsentiert. Der Grund für diese „Ungerechtigkeit“ liegt darin, dass bei einer rein proportionalen Aufteilung der Sitze die kleinen Länder fürchten, ständig majorisiert zu werden.

Ein Element der Gleichberechtigung zwischen den Ländern verkörpert der **Bundesratspräsident**. Da jedes Jahr ein Wechsel erfolgt, leitet immer ein anderer Länderregierungschef dieses zweite legislative Organ und hat damit zugleich die Funktion des Stellvertreters des Bundespräsidenten inne.

Ähnlich dem Bundestag leistet der Bundesrat den größten Teil seiner Arbeit in – gegenwärtig 22 – Fachausschüssen. Jedes Land wird dort von einem Minister oder hohen Verwaltungsbeamten vertreten. Politisch am wichtigsten ist die Mitarbeit des Bundesrats im Vermittlungsausschuss, um Kompromisse in der legislativen Arbeit zu erzielen.

Aufgaben und Stellung des Bundesrats

Das zweite legislative Organ des Bundes ist der Bundesrat. Ohne dessen Mitwirkung bzw. Zustimmung kann auf gesamtstaatlicher Ebene kein Gesetzgebungsverfahren abgeschlossen werden. Viele Verwaltungsvorschriften treten nur dann in Kraft, wenn der Bundesrat vorher zugestimmt hat.

Der Bundesrat ist aufgrund der föderalen Staatskonstruktion ein wichtiges Organ des **Bundesstaats**, einer Konstruktion, die zwischen dem **Einheits-(Zentral-)staat** und dem **Staatenbund** einzuordnen ist. Während beim Zentralstaat nahezu alle wichtigen Kompetenzen bei der Zentralregierung liegen, wie z. B. in Frankreich, befinden sich beim Staatenbund die Zuständigkeiten meist bei den Mitgliedern, letztere bleiben hierbei jedoch souverän.

Bei einem Bundes-(föderalistischen) Staat sind die Kompetenzen zwischen dem Gesamtstaat und seinen Gliedern, den Ländern, geteilt und durch eigene Zuständigkeiten geregelt. Es gibt jedoch nur eine **Souveränität**, nämlich die des Bundes – entsprechend dem Grundsatz: Bundesrecht bricht Landesrecht (Art. 31 GG). Wo es also Bundesrecht gibt, darf Landesrecht nicht entgegenstehen. Die genaue Verteilung regelt das Grundgesetz durch die ausschließliche und die konkurrierende Gesetzgebung.

Arbeit des Bundesrats/Kompetzenverteilung

Die **Arbeit des Bundesrats** verläuft in der Regel ruhiger und sachlicher als die (öffentliche) Arbeit des Bundestags. Häufig liefert der Bundesrat mit seinen Änderungsanträgen zu Gesetzesvorhaben wichtige Hinweise zur Ausführung von Gesetzen, die doch zumeist die Länderverwaltungen realisieren müssen. Dadurch werden viele Gesetze praxisnäher, wovon alle Bundesländer profitieren, unabhängig von den jeweiligen politischen Mehrheiten.

Zuständigkeiten in der Gesetzgebung

Bund: ausschließliche Gesetzgebung	Bund und Länder: konkurrierende Gesetzgebung	Länder: ausschließliche Gesetzgebung
Auswärtige Angelegenheiten	Bürgerliches Recht, Strafrecht	Kultur, Schule und Bildung
Verteidigung, Zivilschutz	Arbeitsrecht	Polizei
Währungs-, Geldwesen	Vereinsrecht	Presse
Kernenergie	Personenstandswesen	Ladenschluss, Gaststätten
Urheberrecht	Aufenthaltsrecht für Ausländer	Versammlungsrecht
Meldewesen	Straßenverkehr	Kommunalwesen
Zölle, Außenhandel	Steuerrecht	Strafvollzug

Bei Fragen, die wichtiger (partei-)politischer Natur sind, treten die originären Länderinteressen zurück. Da bei den meisten innenpolitischen Gesetzen der Bundesrat zustimmen muss, versuchen die Bundesregierung und die Bundestagsmehrheit die Mehrheit der Länderkammer auf ihre Seite zu ziehen. Man erwartet dann, dass die Landesregierungen, die auf gleichen oder ähnlichen politischen Mehrheitsverhältnissen beruhen wie im Bundestag, die Bundesregierung politisch stützen. Existieren in diesem Sinne gleichgerichtete Mehrheiten, erleichtert dies die Gesetzgebung für die Bundesregierung. Verfügt hingegen die Bundestagsopposition über eine Mehrheit im Bundesrat, erlangt sie indirekt großen Einfluss auf die Gesetzgebung und kann vieles sogar verhindern, was auch als **Blockadepolitik** bezeichnet wird.

Nicht immer einfach gestaltet sich dieser Prozess bei eher unklaren politischen Mehrheitsverhältnissen. Wie sollen sich z. B. die Landesregierungen bei Abstimmungen verhalten, die von SPD und CDU getragen werden („Große Koalition"), obwohl die eine Partei die Bundesregierung, die andere die Opposition stützt? Diese Tendenz, den Bundesrat als „Handlanger" von Regierung bzw. Opposition zu nutzen, wird oft kritisiert, lässt sich jedoch unter den Bedingungen starken Parteieinflusses auf die gesamte Politik nicht vermeiden.

Der Bundesrat erlangte insoweit eine immer größere Bedeutung, als ca. 60 % aller Gesetze vom ihm auch befürwortet werden mussten. Somit wurde das gesamte Gesetzgebungsverfahren immer langwieriger. Nach schwierigen Verhandlungen zwischen Bund und Ländern haben sich 2006 beide Seiten auf eine **Reform des Föderalismus** verständigt. Bundestag und Bundesrat verabschiedeten diese erste Reform mit jeweils großen Mehrheiten.

Konrad Adenauer, CDU
1949–1963

Ludwig Erhard, CDU
1963–1966

Kurt Georg Kiesinger, CDU 1966–1969

Willy Brandt, SPD
1969–1974

Damit wurde die Rahmengesetzgebung des Bundes abgeschafft. Die Gesetzgebungsverfahren sollen beschleunigt und transparenter werden, indem nur noch ca. 35 % aller Gesetzesvorhaben zustimmungspflichtig durch den Bundesrat sind. Weitere Politikbereiche wurden entweder dem Bund oder den Ländern zur ausschließlichen Zuständigkeit übertragen. Der Bund ist nun beispielsweise ausschließlich für die Kernenergie, das Meldewesen oder das Waffenrecht zuständig. Die Länder bekamen zusätzliche Kompetenzen etwa in der Bildungspolitik, im Gaststätten- und im Presserecht.

Um die Reform umzusetzen, wurden zahlreiche Artikel des Grundgesetzes geändert. 2009 trat die **Föderalismusreform II** in Kraft, die vor allem die Finanzbeziehungen neu ordnen und letztlich Bund und Ländern in ihren jeweiligen Kompetenzbereichen mehr eigenständiges finanzielles Handeln ermöglichen sollte. Dazu wurden etwa neue Schuldengrenzen für Bund und Länder gesetzt und eine verbesserte Zusammenarbeit der Verwaltungen von Bund und Ländern in der Informationstechnik geregelt.

Die Bundesregierung

Stellung und Aufgaben der Bundesregierung

Die Bundesregierung mit ihren Ministerien nimmt den zentralen Teil der **Exekutive** ein. Fasst man den Begriff „Exekutive" weiter, müssen alle Landesregierungen, deren Ministerien und Verwaltungen sowie die Verwaltungen auf kommunaler Ebene hinzugerechnet werden. Im parlamentarischen Regierungssystem kann man die Bundesregierung im Sinne der **Gewaltenverschränkung** als führenden Teil der Bundestagsmehrheit begreifen, schließlich geht sie daraus hervor und hängt von ihr ab. Anders als in der Weimarer Republik mit ihrer schwachen Regierung stellt das Grundgesetz die Bundesregierung ins Zentrum des politischen Systems.

Helmut Schmidt, SPD
1974–1982

Helmut Kohl, CDU
1982–1998

Gerhard Schröder, SPD
1998–2005

Angela Merkel, CDU
seit 2005

Die Bundesregierung hat die folgenden **Aufgaben:**

- die **politische Führung** des Landes nach innen und außen,
- die **Vertretung der deutschen Interessen** in der internationalen Politik mit deutlichen Schwerpunkten in der EU, in der NATO sowie in den Beziehungen zu den USA,
- **Vorbereitung** von Gesetzesvorhaben im Inneren,
- **Entwicklung** von **Leitlinien** für alle Bereiche der Politik, die den Bund betreffen,
- **Ausführung** von Beschlüssen und Gesetzen, bzw. deren Einhaltung und Überwachung.

Zusammensetzung der Regierung, Stellung des Kanzlers

Die **Bundesregierung** besteht aus dem Bundeskanzler und den Bundesministern, die zusammen das **Kabinett** bilden. Der **Bundeskanzler** ist die herausgehobene Person der Regierung. Er allein wird vom Bundestag gewählt oder gestürzt, kann eine sog. Vertrauensfrage stellen, Minister ernennen und entlassen. Der Bundeskanzler bestimmt zudem die Richtlinien der Politik und trägt dafür die Hauptverantwortung. Daraus ergibt sich, dass der Bundeskanzler die zentrale Figur der deutschen Politik ist. Dies gilt auch gegenüber dem Parlament. Daher wird für das deutsche politische System auch der Begriff der **Kanzlerdemokratie** verwendet. Wenn jedoch die Bundesregierung von einer **Großen Koalition** getragen wird, verschiebt sich die Rolle des Kanzlers eher in Richtung eines Vermittlers zwischen den teilweise unterschiedlichen Positionen der Regierungsparteien. Besonders stark hingegen ist die Position des Kanzlers, wenn seine Partei allein die Regierung stellt oder nur ein kleiner Koalitionspartner hinzukommt.

Aus dieser Struktur haben sich **drei Prinzipien für die Arbeit der Bundesregierung** entwickelt (Art. 65 GG):

- Die **Richtlinienkompetenz** weist dem Kanzler eine Führungsrolle in der Regierung zu und ermöglicht ihm, Inhalte der Politik – auch gegen den Widerstand von Ministern – vorzugeben.
- Das **Ressortprinzip** sichert jedem Minister zu, seinen Aufgabenbereich selbstständig und eigenverantwortlich zu führen.
- Das **Kollegialprinzip** besagt, dass über die konkrete Ausgestaltung der Politik das gesamte Kabinett abstimmt und alle Minister in die Verantwortung mit einbezogen werden.

Die konkrete Ausprägung der Prinzipien hängt stark von den beteiligten Personen ab. Unter den Kanzlern Konrad Adenauer und Helmut Kohl dominierte die Richtlinienkompetenz, während z. B. unter Ludwig Erhard und Willy Brandt die Kollegialität stärker betont wurde.

Wichtig ist in diesem Kontext die „fraktionsmäßige" Zusammensetzung der Regierung. Da aufgrund des Wahlrechts absolute Mehrheiten einer Partei im Bundestag sehr selten sind, entsteht die notwendige Regierungsmehrheit in der Regel durch ein Bündnis (Koalition) mehrerer Fraktionen. Um diese Gruppierungen mit z. T. unterschiedlichen Auffassungen zu koordinieren, gibt es zwischen den Spitzen der Regierungsfraktionen – zusammen mit wichtigen Ministern – **Koalitionsrunden**, in denen die notwendigen Beschlüsse vorentschieden werden, sodass der Beschluss der Bundesregierung dazu später eher eine Formsache ist.

Die Minister der Bundesregierung sind oberste Dienstherren für die Mitarbeiter in den jeweiligen Ministerien. Diese sind wiederum in verschiedene Abteilungen gegliedert, die bestimmte Teilbereiche des Ressorts abdecken. Unterhalb der Bundesministerien endet zumeist der direkte Verwaltungsaufbau des Bundes, da die verwaltungsmäßige Ausführung von Bundesgesetzen und Verordnungen Sache der Landesverwaltungen ist. Nur wenige Bundesministerien verfügen über einen „Verwaltungsunterbau", der bis in die Orts- oder Kreisebene reicht, wie z. B. Bundeswehr und Arbeitsagenturen. Ansonsten finden sich unterhalb der Ministerien zentrale Bundesbehörden, die den Ministerien fachlich zuarbeiten, wie z. B. das Umweltbundesamt für das Umweltressort.

Mit dem **Bundeskanzleramt** und dem **Bundespresseamt** stehen dem jeweiligen Bundeskanzler darüber hinaus zwei Behörden zur Verfügung, die seine Arbeit vorbereiten, die Arbeiten der Ministerien koordinieren, bündeln und andererseits gegenüber der Öffentlichkeit durch Veröffentlichungen, Mitteilungen und Erklärungen erläutern.

Jede Bundesregierung, jeder Minister möchte in der obersten Ebene seines Ministeriums Personen beschäftigen, die sein persönliches und politisches Vertrauen besitzen. Dieses Anliegen betrifft insbesondere die Funktionen der Staatssekretäre, Abteilungsleiter und Pressesprecher. Da sie den Status eines **politischen Beamten** haben, können sie deshalb z. B. von einem neuen Minister jederzeit aus ihrem bisherigen Amt entfernt werden. Besonders nach Regierungswechseln werden viele solcher Beschäftigten in den „einstweiligen Ruhestand“ geschickt.

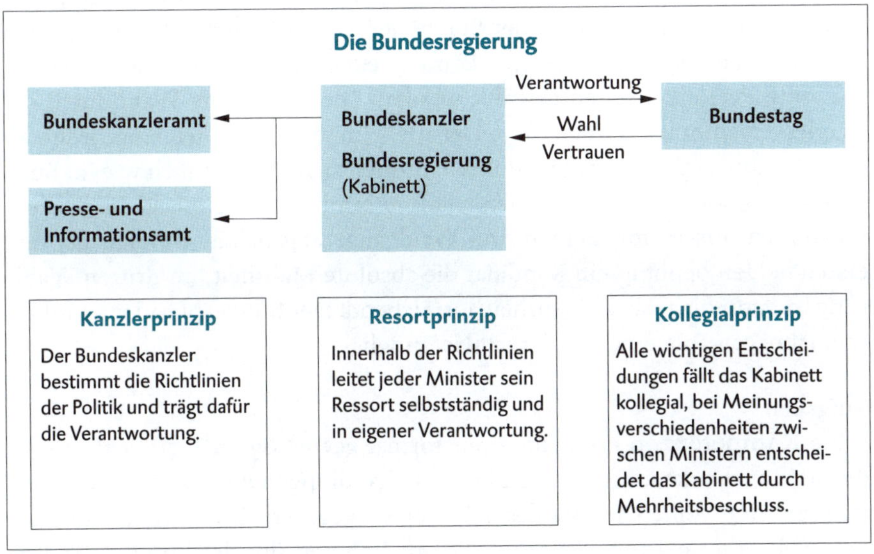

Der Bundespräsident

Stellung und Wahl

Der Bundespräsident bekleidet protokollarisch das höchste Amt im Staat, hat aber überwiegend **repräsentative** Aufgaben. In diesem Punkt unterscheidet sich die Verfassungslage deutlich von anderen Staaten wie Frankreich und den USA. Der Parlamentarische Rat hatte bei der Ausarbeitung des Grundgesetzes 1948/49 das Ziel, das Parlament und die Regierung als Zentren der politischen Willensbildung zu festigen und stellte damit bewusst einen Gegensatz zur Weimarer Republik her, in der der Reichspräsident eine sehr starke Position innehatte.

Die Veränderungen zeigen sich schon bei der Wahl des Präsidenten. Während der Weimarer Republik wurde das Staatsoberhaupt vom Volk direkt für sieben Jahre gewählt. Der Kampf der politischen Kräfte um den Wahlausgang nahm dabei demagogische Züge an. Dies sollte vermieden werden, indem sich der Parlamentarische Rat für ein repräsentatives Wahlsystem entschied, bei dem der föderalistische Staatsaufbau Deutschlands eine größere Rolle spielt. Der Bundespräsident wird von der **Bundesversammlung** gewählt, die nur zu diesem Zweck zusammentritt. Dieses Organ besteht aus den Bundestagsabgeordneten sowie einer gleich hohen Anzahl von Personen, die die Landesparlamente wählen (entsprechend der Stärke der Länder). Hierbei handelt es sich meist um Landtagsabgeordnete; es können jedoch auch andere, meist regional bekannte Persönlichkeiten gewählt werden. Die eigentliche Wahl durch die Bundesversammlung erfolgt ohne Debatte. Um jedoch bei den Abgeordneten eine Meinungsbildung herbeizuführen, ordnen sich diese ähnlich wie im Bundestag Fraktionen zu. Die Wahlvorschläge erfolgen dann meist durch diese Fraktionen. Insgesamt können drei Wahlgänge abgehalten werden: bei den ersten beiden benötigt ein Kandidat die absolute Mehrheit, im dritten Wahlgang ist dann die relative Mehrheit ausreichend. Der Bundespräsident wird für fünf Jahre gewählt, eine Wiederwahl ist möglich.

Aufgaben

Seine **Kompetenzen** erscheinen nur formal gewichtig, in Wirklichkeit sind die meisten der daraus resultierenden Amtshandlungen durch die Verfassungslage bzw. den Willen der Bundesregierung vorgegeben. Ein alternativer Handlungsspielraum existiert kaum. In diesem Rahmen übt der Bundespräsident folgende Zuständigkeiten aus:

- **Vertretung Deutschlands** nach innen und außen,
- Prüfung, Unterzeichnung und **Verkündung von Bundesgesetzen**,
- Erklärung des Gesetzgebungsnotstandes,
- Vorschlag, Ernennung und Entlassung des Kanzlers,
- **Auflösungsmöglichkeit** des Bundestags (Art. 63 Abs. 4 GG), wenn eine Kanzlerwahl durch den Bundestag wiederholt nicht erfolgt oder der Bundestag dem Kanzler das Vertrauen versagt (Art. 68 GG),
- **Ernennung** und **Entlassung** der **Bundesminister** sowie von Bundesrichtern, -beamten und (Unter)offizieren,
- **Begnadigung** von Straftätern.

Es ist in der verfassungspolitischen Diskussion überwiegend unstrittig, dass der Präsident die genannten Handlungen ausführen muss, wenn die Bundesregierung oder die Legislative dies wollen. Hält ein Präsident jedoch ein beschlossenes Gesetz nach einer Prüfung z. B. für verfassungswidrig, so kann er seine Unterschrift verweigern. Die Frage ist bisher ungeklärt, ob in solchen Fällen der Bundespräsident gezwungen werden kann, ein solches Gesetz zu unterschreiben.

Die bisherigen Bundespräsidenten haben aber trotz ihrer verfassungsmäßig schwachen Position vor allem aufgrund der **moralischen Autorität**, die sie durch ihr Amt erlangt haben, Einfluss gewinnen können. Durch bedeutsame Reden, Appelle, das Setzen politischer Maßstäbe, die **Verkörperung von Glaubwürdigkeit** in der Politik, gelang es vor allem Theodor Heuss (1949–1959), Richard von Weizsäcker (1989–1994) und Roman Herzog (1994–1999), Denkanstöße zu vermitteln und damit auch Einfluss zu nehmen. Sie waren damit trotz Parteienstreits ein erheblicher **Integrationsfaktor** für das gesamte Land.

Das Bundesverfassungsgericht

Zusammensetzung

Das Bundesverfassungsgericht (BVerfG), das seit 1951 mit Sitz in Karlsruhe besteht, repräsentiert und sichert den hohen Rang des Grundgesetzes und besonders der Grundrechte **(Hüter der Verfassung)**. Kein anderes Gericht ist befugt, das Grundgesetz verbindlich zu interpretieren und Streitigkeiten im Kontext des Grundgesetzes zu entscheiden. Es ist gegenüber allen übrigen Verfassungsorganen selbstständig und unabhängig.

Das BVerfG besteht aus **zwei Senaten** mit je acht Richtern. Jeder Senat ist dabei auf bestimmte Bereiche spezialisiert. Jeweils die Hälfte eines Senats wird von einem aus zwölf Personen bestehenden Wahlausschuss des Bundestags bestimmt, die andere Hälfte vom Bundesrat. Personalentscheidungen bedürfen der **Zweidrittelmehrheit**. So müssen sich die politischen Kräfte wenigstens so weit verständigen, dass die Vorschläge aller Parteien eine breite Mehrheit finden. Aus dieser Situation folgt, dass politisch exponierte Kandidaten kaum gewählt werden und ausgewiesene Experten in die beiden Senate gelangen. In der Praxis hat sich bisher gezeigt, dass die parteipolitische Zugehörigkeit der Richter nach ihrer Wahl kaum eine Rolle spielte. Hierzu trägt auch bei, dass die Richter nur einmal und für längstens zwölf Jahre (Pensionsgrenze: 68 Jahre) bestimmt werden. So wird zusätzlich ihre **tatsächliche Unabhängigkeit** bei Entscheidungen garantiert.

Aufgaben

Das BVerfG wird nicht von sich aus, sondern nur **auf Antrag** einer Person oder Institution in folgenden Bereichen tätig (Art. 93 GG):

- **Verfassungsbeschwerden:** Jeder Bürger hat das Recht sich an das BVerfG zu wenden, wenn er der Meinung ist, durch öffentliche Institutionen in seinen Grundrechten eingeschränkt oder verletzt worden zu sein. Um der Flut möglicher Gerichtsverfahren zu begegnen, muss dabei allerdings der **Rechtsweg** eingehalten werden, d. h. der Weg durch die verschiedenen Gerichtsinstanzen. Innerhalb des BVerfG gibt es dann noch einen **Prüfungsausschuss**. Erst wenn auch hier die Zulässigkeit einer Verfassungsbeschwerde bestätigt wird, kommt es zum Gerichtsverfahren. Auf diese Weise sind bisher von ca. 100 000 eingereichten Beschwerden knapp 3 000 vor dem BVerfG verhandelt worden. Die in diesem Kontext ergangenen Urteile und die dazugehörigen Begründungen interpretieren die Grundrechte verbindlich und geben Leitlinien für künftige Handlungen der Staatsorgane vor.

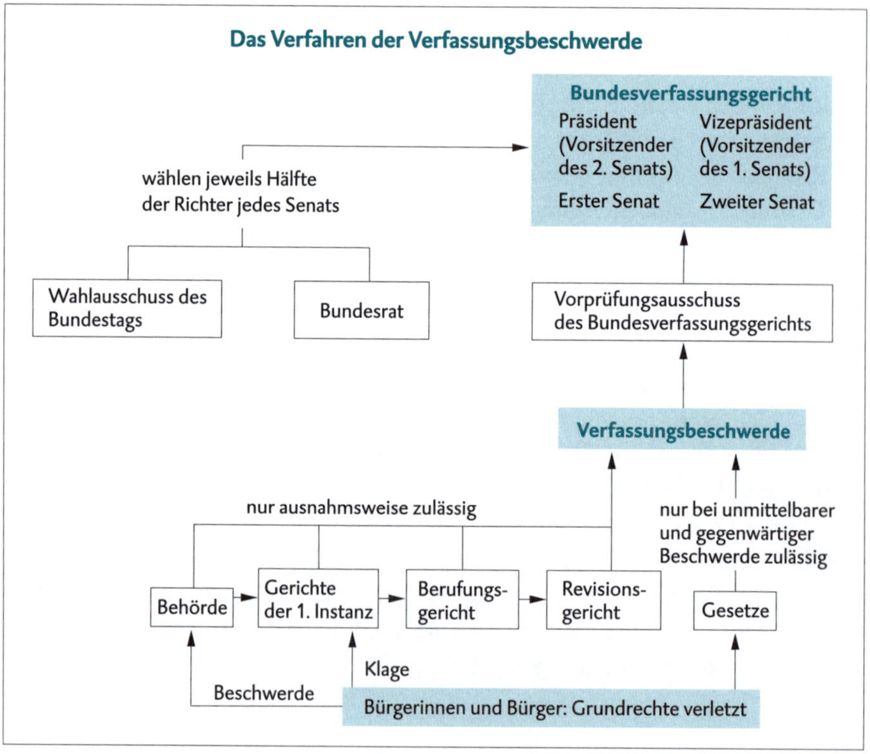

- **Normenkontrolle:** Hier geht es um das Problem, ob bestimmte Gesetze mit dem Grundgesetz vereinbar sind, also eventuell die oberste Norm nicht einhalten. Antragsberechtigt sind in konkreten Fällen, z. B. bei der Auslegung von Gesetzen, Gerichte in einem laufenden Verfahren (konkrete Normenkontrolle). Wenn grundsätzliche Zweifel an der Verfassungsmäßigkeit eines Gesetzes bestehen, kann die abstrakte Normenkontrolle von jedem Verfassungsorgan beantragt werden – beim Bundestag ist dafür schon ein Drittel der Abgeordneten ausreichend. Durch Normenkontrollverfahren sind bereits zahlreiche Gesetze ganz oder teilweise für verfassungswidrig erklärt worden und dienten dem Gesetzgeber als Richtschnur für künftige Entscheidungen.
- **Organstreitigkeiten:** Dieser Komplex betrifft Fragen, welche Verfassungsorgane wann und für welche Bereiche zuständig sind. Somit werden Streitigkeiten zwischen Bund und Ländern oder zwischen Bundestag und Bundesrat oder bezüglich der Kompetenzen des Bundespräsidenten geklärt.
- Weitere Zuständigkeiten sind z. B. Verfahren zu Parteiverboten, zur Verwirkung von Grundrechten, Wahlprüfungen und die Erstellung von Rechtsgutachten. In der Summe dienen die genannten Aufgaben dazu, das Grundgesetz, die **Rechtsstaatlichkeit und das demokratische System** in Deutschland zu **sichern** und auch weiterzuentwickeln.

Politische Bedeutung des BVerfG

Die **bisherige Arbeit** des BVerfG wird von den meisten Beobachtern und Betroffenen als durchweg positiv beurteilt. Das ist umso bedeutsamer, weil die Position des Gerichts **zwischen reiner Rechtsprechung und praktischer Politik** angesiedelt ist, sodass manche Entscheidungen sogar in die Tagespolitik eingreifen. Insgesamt hat das BVerfG die Ordnung des Grundgesetzes durch seine höchstrichterlichen Entscheidungen, Auslegungen und Interpretationen des Grundgesetzes gestärkt und weiterentwickelt. Schließlich hat es bei sehr kontroversen politischen Streitfällen in der politischen Debatte zur Schlichtung beigetragen. Ein herausragendes Beispiel stellt in diesem Kontext der politisch umstrittene Grundlagenvertrag von 1972 zwischen der DDR und der Bundesrepublik dar. Die zweite deutsche Demokratie hat im BVerfG eine wichtige politisch-rechtsstaatliche Stütze erhalten. Allerdings besteht bei der gegebenen Konstruktion des BVerfG die **Gefahr**, dass politisch Unterlegene, z. B. die jeweilige Bundestagsopposition, versuchen, Mehrheitsentscheidungen auf dem Umweg über das BVerfG zu ihren Gunsten zu revidieren. In diesem Sinne hat dessen Tätigkeit immer mehr zugenommen.

Akteure im politischen Prozess

Neben den zentralen Institutionen bestimmen zahlreiche Akteure den politischen Prozess und die politische Willensbildung. Diese Akteure wirken auf die genannten Institutionen ein bzw. wirken in ihnen. Aus dem Zusammenspiel von Institutionen, deren Regeln und den zu behandelnden Akteuren ergeben sich schließlich politische Prozesse und Entscheidungen. Wesentliche Akteure in diesem Sinne sind das Volk, die politischen Parteien, Interessenverbände und die Massenmedien.

Politik als Prozess der Problemlösung

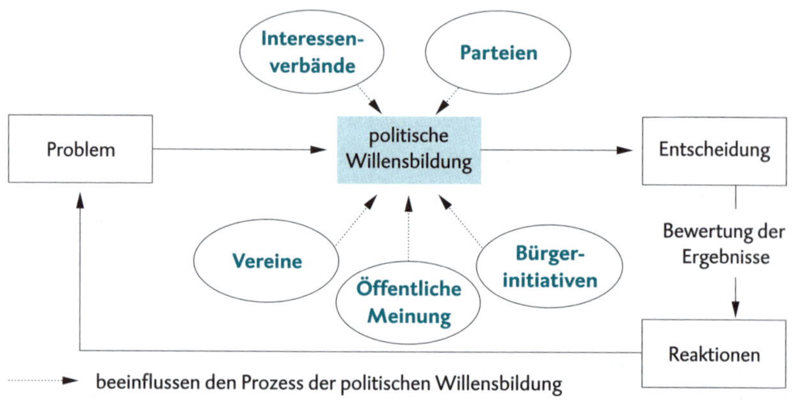

Das Volk

Art. 20 Abs. 2 GG besagt, dass alle Staatsgewalt vom Volke ausgeht. Dieses übt seine Befugnisse in Wahlen und Abstimmungen sowie durch besondere Organe der drei Gewalten aus. Diese Formulierung mag zu dem Schluss führen, dass das Volk letztlich nur zu den regulären Parlamentswahlterminen (alle 4 oder 5 Jahre) auf die politische Willensbildung Einfluss nehmen könne, versperrt jedoch den Blick auf die weitere vielfältige Beteiligung des Volkes an der Willensbildung. Hierzu zählen die **Mitgliedschaft** und Mitwirkung in politischen **Parteien**, in **Verbänden** und **Vereinen** jeglicher Art einschließlich der **Kirchen**; die **Einwirkung** auf die politische Meinungsbildung mittels der Nutzung der modernen **Massenmedien** (Radio, Fernsehen, Presse, Internet) und die **Teilnahme** an verschiedenartigen **öffentlichen Veranstaltungen**

Demonstrationen, wie hier im Zusammenhang mit dem G8-Gipfel in Heiligendamm, sind eine der Möglichkeiten für Bürger, ihre politische Meinung öffentlich zum Ausdruck zu bringen und so außer durch regelmäßige Wahlen Einfluss auf die Politik zu nehmen.

und Manifestationen sowie die **vorgeschriebenen Beteiligungen** und Mitwirkungen von Betroffenen und Interessierten (z. B. bei kommunalen Bauvorhaben, in Schulen, Kindergärten).

Betrachtet man all die genannten Möglichkeiten für die Bürger, ihre Interessen zu artikulieren, so existiert eine große Vielfalt. Politisches Engagement, wo auch immer, ist aber zeitaufwändig und beansprucht viel Energie, Konflikte müssen ertragen werden. Außerdem kostet der Einsatz materieller Hilfsmittel auch Geld. All diese Punkte führen dazu, dass viele Bürger zwar meinen, es müsse sich in der Politik etwas ändern, aber selbst kein konkretes politisches Engagement entwickeln. So ist es oft nur eine Minderheit von Bürgern, die in den verschiedensten Gremien mitwirkt und sich über das „Desinteresse" eines großen Teils der Bevölkerung beschwert, während sich die „schweigende Mehrheit" nur darüber beklagt, kaum Einfluss nehmen zu können.

Wahlen und Abstimmungsmöglichkeiten

Bezieht man die **Europäische Union** in den Staatsaufbau mit ein, ergeben sich im Rahmen der föderalistischen Staatskonstruktion bereits **fünf Ebenen**, auf denen in regelmäßigen Abständen Wahlen stattfinden:

- zu den **Kommunalparlamenten** (oft mit mehreren Stimmen),
- zumeist auch zum **Bürgermeister** einer Stadt oder einer Gemeinde,
- zum **Kreistag** eines ländlichen Bereichs (mit mehreren Stimmen),
- zumeist auch zum **Repräsentanten des Kreises**,
- zum jeweiligen **Landesparlament** (mit ein oder zwei Stimmen),
- zum **Bundestag** (mit zwei Stimmen),
- zum **Europäischen Parlament** (mit einer Stimme).

Die Beteiligung an den genannten Wahlen beinhaltet nach dem Grundgesetz die zentrale Form politischer Willensäußerung der Bürger. Insoweit gilt die Höhe der **Wahlbeteiligung** als wichtiger Gradmesser für das Interesse der Wahlberechtigten an der Politik. Die Beteiligung bei Bundestagswahlen lag viele Jahrzehnte zwischen 85 und 90 %, bei Landtags-, Europa- und Kommunalwahlen immer deutlich niedriger. Seit den 80er-Jahren ging die Wahlbeteiligung überall zurück. Beobachter sprechen daher von Wahlenthaltung, Wahlmüdigkeit bis hin zur **Politikverdrossenheit**. Bei manchen Wahlen erreichte die „Partei der Nichtwähler" die stärkste Position. Ob dieser Trend andauert, lässt sich nicht vorhersagen. Wahrscheinlich dürfte die Wahlbeteiligung dann deutlich zunehmen, wenn im Vorfeld der Wahlen substanzielle Kontroversen auftreten. Gefährlich könnte eine geringe Wahlbeteiligung dadurch werden, dass sie radikale Parteien relativ stärkt, engagieren sich doch deren Anhänger prozentual am intensivsten für ihre Gruppierung.

Im Konfliktfall können sich auch Bürgerinitiativen mit gegenteiligen Zielen direkt gegenüberstehen.

Die **Ursachen der Politikverdrossenheit** sind vielfältig und nicht immer eindeutig zu erklären. Wenn bei den führenden Politikern deutliche Führungsschwächen erkannt werden, sinkt die Akzeptanz für deren Partei. Vielfach zweifeln die Bürger an der Lösungskompetenz der Parteien, insbesondere dann, wenn Versprechungen nicht oder nur begrenzt eingehalten werden. So hat etwa die Umstrukturierung der neuen Bundesländer länger gedauert und viel mehr Kosten verursacht als zunächst angenommen. Grundsätzlich erscheint den Bürgern das „politische Geschäft" zunehmend verwirrender und z. T. nicht nachvollziehbar. Man unterstellt den Parteien, dass sie überwiegend an ihrem jeweiligen Vorteil und Machterhalt interessiert seien. Skandale um Parteispenden oder versteckte Gelder unterstützen diese Auffassung.

Auf Bundes- und Europaebene gibt es außer bei den Wahlen keine weiteren Abstimmungsmöglichkeiten. Nur die Volksentscheide bei Länderneugliederungen nach Art. 29 GG bilden hierbei eine Ausnahme: So scheiterte etwa in den 90er-Jahren ein Zusammenschluss der Länder Berlin und Brandenburg daran, dass die Wähler in Brandenburg dieses Vorhaben ablehnten. In Ländern und Gemeinden verfügen die Bürger über die Mittel von **Bürgeranträgen, Volks(Bürger)begehren und Volks(Bürger)entscheiden**. Deren Häufigkeit ist unterschiedlich, verlangt von den Beteiligten großes Engagement und lässt sich in kleineren politischen Einheiten eher durchführen als in größeren. Neben diesen direkten und von den Verfassungen vorgesehenen Möglichkeiten verfügen die Bürger über weitere Formen der politischen Beteiligung.

Bürgerinitiativen

Seit Ende der 60er-Jahre des 20. Jahrhunderts bildete sich eine neue **basisdemokratische Bewegung**, die **Bürgerinitiative**. Diese Form des Zusammenschlusses engagierter Bürger gibt es meist auf lokaler und regionaler Ebene, um konkrete Missstände, Probleme und Lösungswege aufzuzeigen. Die Bürgerinitiativen organisieren beispielsweise Aktionen zur Durchsetzung konkreter sozialer Projekte (Kindergärten, Frauenhäuser), zur öffentlichen Auseinandersetzung mit Bau- und Umweltproblemen in Städten und Gemeinden und zu deren Lösung. Die Organisation von Bürgerinitiativen ist in der Regel nur relativ lose. Hat sich der Problemdruck vermindert, lösen sich viele Initiativen wieder auf. Da die Bürgerinitiativen häufig nur **Minderheitsinteressen** vertreten und auch durchsetzen, bewerten manche Beobachter ihre Aktivitäten kritisch, insbesondere dann, wenn sie Entscheidungskompetenzen für sich beanspruchen, die den gewählten Repräsentanten zustehen.

Politische Parteien

Stellung und Aufgaben der Parteien

Laut **Parteiengesetz** sind Parteien „Vereinigungen von Bürgern, die dauernd oder für längere Zeit für den Bereich des Bundes oder eines Landes auf die politische Willensbildung Einfluss nehmen und an der Vertretung des Volkes" in den Parlamenten mitwirken. Zum Beispiel nach Mitgliederzahl und Auftreten in der Öffentlichkeit muss gewährleistet sein, dass die Ziele ernsthaft verfolgt werden (PartG §2 (1)).

In Deutschland und anderen Staaten des westlichen Kulturkreises gelten politische Parteien als unverzichtbarer Bestandteil repräsentativer Demokratien. Ihre Erwähnung in Art. 21 (1) GG unterstreicht ihre Bedeutung für die Willensbildung. Das „Gesetz über die politischen Parteien" (Parteiengesetz) nennt als Aufgaben der Parteien:

- Mitwirkung an der **Bildung des politischen Willens des Volkes** auf allen Gebieten des öffentlichen Lebens: Von der kleinsten Kommune bis hin zu europäischen Institutionen erarbeiten die Parteien politische Programme, um auf der jeweiligen Ebene Lösungen für Probleme anzubieten, sodass sich die Bürger für eine bestimmte Richtung entscheiden können.

Ohne diese **Bündelung von Richtungen** hätten die Bürger eine geringere Orientierung in der Politik.

- **Förderung der politischen Bildung:** Die Parteien erreichen durch ihre öffentliche Präsenz, dass sich die Wahlberechtigten mit Problemen des politischen Alltags befassen. Gleichzeitig bieten die Parteien auch Bildungsprogramme an. Dies geschieht häufig im Zusammenhang mit parteinahen politischen Stiftungen, beispielsweise durch die Konrad-Adenauer-Stiftung (CDU-nah) oder die Friedrich-Ebert-Stiftung (SPD-nah).
- Förderung der **Teilnahme der Bürger** am politischen Leben. Dies kann auf vielfältige Weise geschehen. Besonders in Wahlkampfzeiten organisieren die Parteien Veranstaltungen, sodass die Bürger in die politische Willensbildung einbezogen werden.
- Aufstellung von **Bewerbern für Wahlen:** Ohne politische Parteien ist es schwer, bei Wahlen gegenüber den Bürgern präsent zu sein. Ohne deren Rückhalt ist es kaum möglich, sich und seine Vorstellungen den Wählern nahe zu bringen.
- **Einflussnahme auf die Politik** auf allen Ebenen: Dies geschieht dadurch, dass die Parteien ihre Organisationsstruktur dem Aufbau des Staates anpassen und somit zielgerichtet auf der jeweiligen Staatsebene arbeiten können.
- Herstellung einer **Verbindung zwischen Volk und Staatsorganen:** Durch ihre Tätigkeit vermitteln die Parteien politische Fragen und Probleme zwischen den jeweiligen Staatsebenen und den Bürgern und tragen somit zur politischen Bewusstseinsbildung bei. Dies geschieht natürlich im wohl verstandenen Eigeninteresse. Der Bürger bleibt folglich aufgefordert, diese Vorgänge kritisch zu begleiten und sich anderer „Vermittler" der Politik zu bedienen, z. B. den Massenmedien Presse, Rundfunk, Fernsehen.

Ihre Ziele sollen die Parteien in **politischen Programmen** verdeutlichen. Jede Parteiorganisation, zumeist gegliedert nach den politischen Ebenen, entwickelt ihre eigenen Ziele für die Kommunal-, Landes-, Bundes- oder Europapolitik. Solche Programme verabschieden die Parteien meist vor Wahlen als **Wahlprogramme**, die als Leitlinie und Rahmen für die folgende Wahl- bzw. Legislaturperiode dienen, wobei flexible Anpassungen an die Erfordernisse der aktuellen Politik vorkommen, z. B. mit Rücksicht auf eine Koalition mit einer anderen Fraktion. Im Gegensatz zu den zeitlich begrenzt gültigen Wahlaussagen und Koalitionsvereinbarungen enthalten **Grundsatzprogramme** prinzipielle Positionen der Parteien zu allen wichtigen Politikfeldern und sollen längere Zeit gelten. Teilweise spiegeln sich darin die **Ideologie** und das **Selbstverständnis** von Grundströmungen der Politik seit dem 19. Jahrhundert wider.

Im Gegensatz zur Weimarer Republik verlangt das Grundgesetz, dass sich die Parteien zur **freiheitlich-demokratischen Grundordnung** bekennen. Gruppierungen, die diese Prinzipien ablehnen, können durch das Bundesverfassungsgericht verboten werden, z. B. auf Antrag der Bundesregierung. Dies betraf bisher 1952 die SRP (Sozialistische Reichspartei), als Nachfolgeorganisation der NSDAP, und 1956 die KPD. Bei den Urteilen hat das BVerfG auch definiert, was unter der freiheitlich-demokratischen Grundordnung zu verstehen ist: „So lässt sich die freiheitliche demokratische Grundordnung als eine Ordnung bestimmen, die unter Ausschluss jeglicher Gewalt und Willkürherrschaft eine rechtsstaatliche Herrschaftsordnung auf der Grundlage der Selbstbestimmung des Volkes nach dem Willen der jeweiligen Mehrheit und der Freiheit und Gleichheit darstellt."
Zu den grundlegenden Prinzipien dieser Ordnung sind zu rechnen:

- die Achtung vor den im Grundgesetz konkretisierten Menschenrechten, vor allem vor dem Recht der Persönlichkeit auf Leben und freie Entfaltung,
- die Volkssouveränität,
- die Gewaltenteilung,
- die Verantwortlichkeit der Regierung,
- die Gesetzmäßigkeit der Verwaltung,
- die Unabhängigkeit der Gerichte,
- das Mehrparteienprinzip und
- die Chancengleichheit aller politischen Parteien mit dem Recht auf verfassungsmäßige Bildung und Ausübung einer Opposition.

Die Frage, ob es politisch sinnvoll ist, eine extremistische Partei mit juristischen Mitteln zu bekämpfen, bleibt umstritten, was auch an der Diskussion über das Verbot der NPD deutlich wird. Häufig verlegen verbotene Parteien ihre Tätigkeit in den Untergrund, verüben unter Umständen Anschläge und sind oft schwer zu bekämpfen. Manchmal entwickeln sie Nachfolge- oder Tarnorganisationen, die dann auch wieder bekämpft werden müssen.

Die **Mitgliederzahl der Parteien** liegt insgesamt bei ca. **2 Millionen** (in den letzten Jahrzehnten leicht abnehmend). Somit sind ca. 3–4 % der Wahlberechtigten Parteimitglieder. Diese Zahl erscheint recht niedrig, vergleicht man sie mit der Situation in der ehemaligen DDR. Dort hatte allein die SED z. B. Anfang der 80er-Jahre ca. 2,3 Millionen Mitglieder. (Ähnliches galt auch für die NSDAP.) Dies deutet auf eine geringe Anzahl von Parteimitgliedern in funktionierenden parlamentarischen Demokratien und eine hohe in diktatorischen Regimes hin. Mögliche Ursachen für diesen Unterschied könnten sein:

- In **Diktaturen** sind die vorherrschenden Parteien für alle politischen, kulturellen und wirtschaftlichen Belange wichtig. Ohne die Zustimmung aus den Parteien geschieht wenig.
- Berufliche und andere Aufstiege jeglicher Art sind oft nur bei einer Mitgliedschaft in der **Staatspartei** möglich.
- In **demokratischen Staaten** funktionieren viele Bereiche abseits der staatlichen/öffentlichen Sphäre, sodass Parteien dort weniger bedeutsam sind.

Historische Entwicklung des deutschen Parteienspektrums

Im Bundestag ist mit **Bündnis '90/Die Grünen** eine Fraktion vertreten, deren Wurzeln „nur" bis in die 60er-Jahre des 20. Jahrhunderts zurückreichen. Alle anderen Parteien entstanden ideologisch und z. T. auch organisatorisch bereits im 19. Jahrhundert. Die **geistige Basis** der Parteien bilden die großen Denkrichtungen zur Gestaltung von Staat, Wirtschaft und Gesellschaft: **Liberalismus** und **Nationalismus, Konservatismus** sowie **Sozialismus/Kommunismus**.

Seit Anfang des 19. Jahrhunderts entstand der **Liberalismus** als politische Bewegung gegen die absolutistische Herrschaft von Fürsten und für einen die Rechte des Individuums schützenden konstitutionellen Staat mit repräsentativer Demokratie. Diese Basis stellt bis heute einen Grundgedanken des Liberalismus dar. Zeitweilig verband sich der Liberalismus eng mit dem Gedanken des Nationalstaates („Nationalliberalismus"), dann nahm er viele sozialreformerische Aspekte auf („Sozialliberalismus"). Die beiden Strömungen existierten bis 1933 als eigenständige liberale Parteien; in der **Freien Demokratischen Partei (FDP)** seit 1945 überwog zuweilen das national- und wirtschaftsliberale, dann aber auch wieder das sozialliberale Element (Letzteres besonders während der SPD/FDP-Regierungskoalition von 1969 bis 1982).

Als Reaktion auf die Herausforderungen des Liberalismus entwickelte sich seit Beginn des 19. Jahrhunderts der **Konservatismus**, der zunächst an den alten Wertvorstellungen, wie starke Monarchie, starke Position der alten gesellschaftlichen Eliten, Sicherung der deutschen Einzelstaaten durch einen föderalistischen Staatsaufbau, Widerstand gegen „zu viel" Demokratie, festhielt. Während der Zeit der Weimarer Republik konnten viele Konservative ihre Ablehnung von Demokratie und Republik nur schwer überwinden. Nach der – auch geistig-moralischen – Katastrophe des Nationalsozialismus wurden die meisten Konservativen jedoch zu unbedingten Befürwortern einer deutschen parlamentarischen Demokratie. Sie schlossen sich deshalb aus Überzeugung einer für Deutschland völlig neuen Partei an, der **CDU (Christlich Demokratische Union)**, die in **Bayern** als **CSU (Christlich Soziale Union)** besteht. Beide Parteien, im Bundestag seit 1949 als CDU/CSU-Fraktion vereint, verbanden von Anfang an konservatives Gedankengut mit der Idee, Katholiken und Protestanten auf der Basis **christlichen Gedankengutes** zusammenzuschließen, sowie der Idee eines sozialen Ausgleichs in der Gesellschaft, ausgehend von den Soziallehren der Kirchen **(soziale Komponente)**. Die Neugründung erwies sich bis jetzt als ausgesprochen erfolgreich, erreichte die CDU/CSU doch so viele Bürger mit einer nichtsozialistischen, eher wertkonservativen Überzeugung, dass sie häufig die stärkste politische Kraft in Deutschland wurde und überwiegend den Kanzler stellte.

Die erbärmliche Lage der Arbeiter, des Proletariats und anderer unterer Schichten im 19. Jahrhundert bildete die Basis des Sozialismus und Kommunismus. Seit 1848 entstanden politische Gruppierungen auf dieser Grundlage **(1863 Gründung der SPD)**. Als **Leitbilder der Sozialisten** konstituierten sich: Antikapitalismus, politische Demokratie, soziale Gleichheit (bei den Kommunisten: proletarische Revolution, Diktatur des Proletariats). Auch nach 1945 verblieb die SPD bei dieser Ideologie, sie reduzierte allerdings ab 1959 ihre antikapitalistische Grundlinie und betont seitdem überwiegend die Gedanken von einer parlamentarischen Demokratie sowie der sozialen Gerechtigkeit. Damit entwickelte sich die SPD als eine große Volkspartei hin zur **politischen Mitte**. Dadurch gelang es ihr, 1969 und dann wieder 1998 so stark zu werden, dass sie die Führung der Bundesregierung in einer Regierungskoalition übernehmen konnte.

Bündnis '90/Die Grünen entwickelten sich seit den 1970er-Jahren aus der ökologischen Bewegung in Westdeutschland. Ihre Zielvorstellungen lagen bzw. liegen darin, Staat, Recht, Wirtschaft und Gesellschaft intensiver an ökologischen Forderungen zu orientieren. Andere Grundgedanken sind eine stärkere **basisdemokratische und friedenspolitische, antimilitaristische Ausrichtung (Antimilitarismus)**. Diese beiden Aspekte bildeten auch eine Grundlage der Bürgerrechtsbewegung (Bündnis '90) in der sich auflösenden DDR 1989/90 und verbanden sie mit den (west-)deutschen Grünen.

Es bleibt die Frage nach extremen politischen Parteien. Diese spielten für den Untergang der Weimarer Republik eine bedeutende Rolle, sind in der Geschichte der Bundesrepublik Deutschland aber insgesamt weniger bedeutsam. Im **rechtsextremen Bereich** versuchte man immer wieder, Parteien zu etablieren und Einfluss in den Parlamenten zu erlangen. Erfolge gab es dabei nur in geringem Maße in kommunalen Parlamenten und wenigen Landtagen. Eine Repräsentanz im Bundestag existierte nie, unter anderem wegen der 5 %-Sperrklausel für Zweitstimmen. Rechtsextreme Parteien sind gegenwärtig u. a. die Republikaner, die NPD (Nationaldemokratische Partei Deutschlands) und die DVU (Deutsche Volksunion). **Linksextremistische Parteien** orientierten sich in der alten Bundesrepublik entweder an der DDR und an ihrer Staatspartei SED – dies betraf die 1956 verbotene KPD (Kommunistische Partei Deutschlands) und die DKP ab 1968 (Deutsche Kommunistische Partei) – oder sie verstanden sich eher als Splitterparteien revolutionärmarxistischer Prägung, deren Vorbilder Mao Tse-tung in China oder Ho Chi Minh in Vietnam waren. Außer der KPD Anfang der 50er-Jahre gelang keiner linksextremen Partei der Einzug in einen Landtag oder in den Bundestag.

Anders verhält es sich mit der im Juni 2007 gegründeten Partei **Die Linke**. Diese ist durch den Zusammenschluss von zwei linksgerichteten Parteien entstanden. Ca. 60 000 der fast 70 000 Mitglieder zählenden Partei stammen aus der **PDS** (Partei des Demokratischen Sozialismus), seit 1990 Nachfolgeorganisation der SED und sehr stark in den neuen Bundesländern verankert. Sie versteht sich als Wahrer positiv angesehener Aspekte der untergegangenen DDR und vereinigt in sich linkssozialistische und kommunistische Positionen. Die zweite linksgerichtete Basis der Partei Die Linke ist die **WASG** (Wahlalternative Arbeit und Soziale Gerechtigkeit), die sich 2005 zu einer linkssozialistischen Partei konstituierte. Enttäuschte Sozialdemokraten und linke Gewerkschafter vor allem aus den alten Bundesländern versuchten damit eine Plattform zu schaffen, um sozialistischen Ideen wieder Gehör zu verschaffen. Mitte 2012 ist Die Linke in elf Länderparlamenten, im Bundestag sowie im Europäischen Parlament vertreten und an der rot-roten Koalition in Brandenburg beteiligt.

Im Jahr 2006 wurde in Deutschland die **Piratenpartei** registriert, die seit 2008 bereits mehrfach an Landtagswahlen teilgenommen hat. Mit der Wahl 2011 zum Berliner Abgeordnetenhaus konnte sie das erste Mal in ein Landesparlament einziehen. Im Juli 2012 hatte die Partei mehr als 33 000 Mitglieder. Die Piraten streben u. a. eine Reform des Urheberrechts, freien Wissensaustausch, besseren Datenschutz und mehr direkte Demokratie an. Kritiker werfen ihnen fehlende Informiertheit über „harte" politische Themen vor.

Parteienfinanzierung

Damit die Parteien ihre Aufgaben erfüllen können, ist die **Parteienfinanzierung** von großer Wichtigkeit. Die meisten Politologen und Staatsrechtler sind der Meinung, dass – auch aufgrund der verfassungsrechtlichen Stellung der Parteien – politische Parteien genügend Mittel haben müssen, um ihren Aufgaben nachzukommen. Auch das Bundesverfassungsgericht erkennt dies an und akzeptiert, dass die Parteien für ihre Arbeit staatliche Mittel erhalten. Gegenwärtig finanzieren sich die Parteien auf folgender Basis:

- **Eigene Mittel:** Hierzu zählen die Beiträge der Mitglieder, Spenden von Privatpersonen, Firmen, Organisationen usw. sowie weitere Einnahmen aus Parteivermögen, Gewinne parteieigener Firmen (z. B. Druckereien), Beitragsabführungen von Abgeordneten.
- **Staatliche Mittel:** Seitens des Staates erhalten die Parteien nach den Landtags-, Bundestags- und Europawahlen Zuschüsse vom Bund; vorausgesetzt sie haben bei Bundestags- oder Europawahlen mindestens 0,5 %, bei Landtagswahlen 1 % der abgegebenen gültigen Stimmen für ihre Listen erreicht. Die Höhe dieser Gelder hängt vom Wahlergebnis ab: € 0,85 pro Wählerstimme bis zu einer Gesamtzahl von 4 Millionen Stimmen; danach € 0,70 pro Wählerstimme. Außerdem unterstützt der Bund jeden Euro aus Beiträgen und Spenden mit € 0,38, wobei nur Spenden bis € 3 300 pro Person berücksichtigt werden. Weiterhin verzichtet der Staat auf Steuereinnahmen, weil die Beiträge und Spenden bis zu € 3 300 von der Steuer absetzbar sind.

Entsprechende Regelungen gelten großenteils analog für die Parteien auf Landesebene, wenn sie bei Landtagswahlen kandidieren. Alle im Bundestag vertretenen Parteien erzielen zwischen 30 und 40 % ihrer Einnahmen durch staatliche Mittel. Die Mitgliedsbeiträge decken oft nur 20–30 % der notwendigen Einnahmen (nur bei der SPD und der PDS liegt dieser Anteil höher).

Kritisch erscheint der Aspekt der **„Spenden“** insofern, wenn die Geldgeber anonym bleiben wollen, fürchten sie doch um den Erfolg ihres Unternehmens, wenn sie überwiegend Spenden an eine bestimmte Partei geben. Hier kommt noch die Vorschrift des Parteiengesetzes hinzu, dass Spenden über € 10 000 veröffentlicht werden müssen, wie überhaupt Parteien verpflichtet sind, über die Herkunft ihrer Mittel öffentlich Rechenschaft abzulegen. In der Summe nehmen CDU und SPD auf diese Weise jährlich zwischen 100 und 200 Millionen Euro ein, die kleineren Parteien CSU, FDP, Grüne und PDS zwischen 15 und 40 Millionen Euro.

In diesem Zusammenhang wird an den Parteien oft Folgendes kritisiert:

- Die Wahlkämpfe arten in **„Material- und Medienschlachten“** aus.
- Die Parteien müssten mehr **Mitglieder werben** oder von diesen **höhere Beiträge** verlangen.
- Parteien **bestimmen** über Parlamentsbeschlüsse letztlich **selbst** die Höhe der **Staatszuschüsse** (siehe auch das ähnliche Problem bei den Abgeordnetendiäten).

Innerparteiliche Ordnung und Willensbildung

Die **innere Ordnung** der Parteien muss nach Art. 21 Abs. 1 GG demokratischen Grundsätzen genügen, **innerparteiliche Demokratie** muss also gewährleistet sein. In diesem Sinne müssen die Parteien Strukturen aufweisen, die Entscheidungen auf allen Ebenen, auf den Willen der Parteimitglieder, des „Parteisouveräns", zurückführen lässt. Dieser Wille muss sich in regelmäßigen Wahlen und Abstimmungen äußern. Die Wahlen betreffen die Besetzung von Vorstandsposten, die Auswahl der Delegierten für „höhere" Parteiebenen und besonders die Kandidatenaufstellung vor Wahlen.

Die **Organisation** der Parteien entspricht meist der vertikalen Struktur unseres Staates. Somit verfügen sie über bis zu sieben Ebenen: Orts-, Kreis-, Bezirks-, Landes-, Bundesverband, EU-Zusammenschluss und manchmal eine darüber hinausgehende Vereinigung (z. B. die Sozialistische Internationale, der die SPD angehört). In den genannten Gliederungen gibt es entweder die Versammlung der Mitglieder (meist nur auf Ortsebene) oder den **Parteitag** als höchstes Gremium. Diese höchsten Gremien wählen die jeweiligen Vorstände, Parteigerichte und Delegierten für die nächsthöhere Ebene. Im Sinn der repräsentativen Demokratie werden somit alle Parteigremien demokratisch legitimiert. Trotz der relativ häufigen Wahlen konzentrieren sich die für Parteien wesentlichen Funktionen und Entscheidungen bei wenigen Personen/Personengruppen, die meist auch die Vorstände bilden. Dieses von dem Soziologen Robert Michels 1911 formulierte **„Gesetz der Oligarchie"** in großen Organisationen tritt unvermeidlich auch in politischen Parteien auf.

Von den ca. 2 Millionen Parteimitgliedern lässt sich im Regelfall nur eine Minderheit (20–30 %) dazu bewegen, in ihrer Partei über die reine Mitgliedschaft hinaus mitzuwirken (z. B. bei Veranstaltungen, Wahlwerbung, Straßenaktionen, Mitwirkung in Parlamenten). Die Gründe für diese Passivität der Mehrheit sind unterschiedlich: begrenztes Interesse, keine Zeit für größere Aktivität, Angst vor öffentlichem Bekenntnis oder vor Reden. So bleibt nur ein relativ begrenzter Personenkreis, der bereit und in der Lage ist, parteipolitische Ämter wahrzunehmen. Innerhalb dieser Minderheit existiert meist eine kleine Gruppe, die sich fast bedingungslos durch Besuche einer großen Anzahl von parteiinternen, parteiöffentlichen, kommunalen Veranstaltungen usw. politisch engagiert. Über Sitze in den kommunalen und anderen Parlamenten gelingt es dann auch, auf die Gestaltung des öffentlichen Lebens Einfluss zu nehmen. Man erlangt „Sachverstand", Macht und Ansehen. Um diese Position zu halten, auszubauen und mögliche Konkurrenten fernzuhalten, muss ein Politiker möglichst viele wichtige Funktionen auf sich vereinigen. So kommt es bei vielen Mandatsträgern zur **Ämterhäufung**. Eine Person vereint oft einen Orts-, Kreis- und Landesvorsitz einer Partei, ist Abgeordneter in verschiedenen Parlamenten, Delegierter auf Parteitagen unterschiedlicher Ebenen, führt den Vorsitz bei Vereinen und Verbänden, die viele Wähler repräsentieren (z. B. Sportvereine) und leitet weitere innerparteiliche Gruppierungen. Dies führt dazu, dass Spitzenpolitiker häufig viele Jahre oder Jahrzehnte in ihrer Partei wichtige Funktionen innehaben. Ein Führungswechsel erfolgt – abgesehen von dem eigenen Rückzug – meist nur aufgrund gravierender Fehler oder aber durch die Konkurrenz eines versierteren Kontrahenten.

Die größeren Parteien sind ferner dadurch gekennzeichnet, dass spezifische **Vereinigungen** und **Gruppen** auftreten und versuchen, jeweilige Interessen in der Gesamtpartei durchzusetzen. In der CDU existieren unter anderem folgende Unterorganisationen: Junge Union, Frauen-Union, Senioren-Union, Schüler-Union, Mittelstandvereinigung, Christlich-Demokratische Arbeitnehmerschaft (CDA), Ring Christlich Demokratischer Studenten (RCDS). In der SPD gibt es Arbeitsgemeinschaften, unter anderem für Juristen, Selbstständige, Frauen, Senioren, Bildung, Jungsozialisten. Für die Parteiführungen ist es zuweilen schwierig, die Interessen solcher Gruppen auszugleichen und der Gesamtrichtung der Partei einzufügen. Intern treten diesbezüglich auch **Flügelkämpfe** auf.

Parteienkritik

Der Begriff **Parteiendemokratie**, der das politische System Deutschlands beschreibt, wird oft mit negativen Aspekten verbunden. Die Vorwürfe beinhalten unter anderem:

- Parteien verlieren zu oft den Kontakt zu den wirklichen Bedürfnissen und Problemen des Volkes. Dies mündet in der Feststellung, dass „die da oben machen, was sie wollen".
- Viele Positionen in Parteien und Parlamenten bleiben zu lange in der Hand derselben Personen. Dadurch gibt es Erstarrungserscheinungen in der Politik.
- Parteien sind überwiegend daran interessiert, ihre Machtpositionen zu erhalten und auszubauen. Danach richten sie ihre Aussagen und Beschlüsse, teilweise unabhängig von den Notwendigkeiten zur Lösung politischer Probleme.

Oft fühlen sich die Bürger gegenüber Politikern, „denen da oben", einflusslos.

- Parteien betrachten den Staat als „Selbstbedienungsladen". Wichtige Ämter im Staat und in staatsnahen Organisationen werden aus dieser Perspektive heraus nur mit „eigenen Gefolgsleuten" besetzt, um die eigene Politik besser realisieren zu können.
- Parteien beuten den Staat finanziell aus, beispielsweise mittels der Erstattung von Wahlkampfkosten oder zu großzügigen Bemessungen von Abgeordnetendiäten, zumal sie über ihre Vertreter in den Parlamenten Beschlüsse in diesen nur sie betreffenden Angelegenheiten fällen.

Um dieser Kritik zu begegnen, gibt es immer wieder Vorschläge zur Reduzierung der genannten Probleme. Hierzu zählen beispielsweise:

- **Stärkung der innerparteilichen Demokratie:** Amts- und Mandatsträger sollen nur für eine begrenzte Zeit ihre Positionen bekleiden dürfen. Wichtige Beschlüsse dürfen nicht nur in engen Führungskreisen der Parteien gefasst werden; vielmehr sollen Möglichkeiten geschaffen werden, mehr Parteimitglieder als bisher an Entscheidungen zu beteiligen, beispielsweise durch Mitgliederbefragungen oder Abstimmungen seitens der Mitglieder.
- **Vermehrte Offenlegung der Parteifinanzen:** Die Parteien sollen stärker als bisher über die Herkunft und Verwendung ihrer finanziellen Mittel Auskunft geben. Somit würde ein diesbezüglicher Missbrauch eher verhindert.
- **Begrenzung der staatlichen Parteienfinanzierung:** Die Parteien sollen sich nicht zu sehr von staatlichen Finanzen abhängig machen. Als Folge daraus würden sie den Staat auch weniger als ihr „Beuteobjekt" betrachten.

Die Karikatur zeigt einen Hauptvorwurf an die Parteien: die Bürgerferne. Auch wenn sich Parteien als verbarrikadierte „Burg der Demokratie" präsentieren, fordert das Volk Mitbestimmung.

Interessenverbände und Vereine

Verbändelandschaft

Ähnlich den politischen Parteien sind Interessenverbände und Vereine ein Ergebnis der sich entwickelnden und differenzierenden Industrie- und Dienstleistungsgesellschaft. Zwar schlossen sich bereits im Mittelalter die Gewerbetreibenden einer Branche zu Zünften zusammen; diese besaßen jedoch einen „Zwangscharakter“, da die Mitgliedschaft in einer Zunft Pflicht war; sie reglementierte sowohl das berufliche als auch das private Leben weitgehend.

Vereine hatten in der Arbeiterbewegung große Bedeutung und verbanden Politik mit Freizeit.

In der modernen **kapitalistischen** und **pluralistischen** Gesellschaft entwickelte sich eine Vielzahl von Gewerben, Berufen und Tätigkeiten. Der scharfe Wettbewerb und staatliche Reglementierungen (z. B. durch Zölle, Steuern, Vorschriften) zwangen die Angehörigen verschiedener Berufsgruppen, sich in eigenen Organisationen zusammenzuschließen, um ihre Interessen besser vertreten zu können. Seit der zweiten Hälfte des 19. Jahrhunderts hat sich ein System von **Interessenverbänden** herausgebildet, das im Prinzip noch heute besteht; nur im Nationalsozialismus und der DDR gab es vom Staat vorgeschriebene Vereinigungen von Branchen und Berufen. Für dieses System existiert auch der Begriff **Lobbyismus**, abgeleitet vom Wort „Lobby“, der „Vorhalle“ des Parlaments, in der sich früher Abgeordnete und Verbandsvertreter treffen konnten, sodass Letztere dort Erstere zu beeinflussen suchten.

In westlich geprägten Gesellschaften existiert mittlerweile eine nahezu unüberschaubare Anzahl der verschiedensten Zusammenschlüsse und Vereinigungen, die orientiert an ihren spezifischen Tätigkeitsmerkmalen in die folgenden Gruppen unterschieden werden:

- **Vereinigungen im Wirtschafts- und Arbeitsleben:** Hierzu zählen auf der einen Seite die Unternehmerverbände, wie z. B. der Deutsche Industrie- und Handelstag, der Bundesverband der Deutschen Industrie oder Verbände und Zusammenschlüsse einzelner Branchen wie die Hauptgemeinschaft des Deutschen Einzelhandels, auf der anderen Seite die Organisationen der Arbeitnehmer, wie z. B. der Deutsche Gewerkschaftsbund mit seinen Einzelgewerkschaften, der Deutsche Beamtenbund und der Christliche Gewerkschaftsbund. Hinzu kommen die Verbraucherschutzverbände sowie Berufsverbände, wie z. B. die Bundesärztekammer.

- **Vereinigungen im sozialen Bereich:** Hierzu zählen Gruppierungen, die im weitesten Sinne soziale Ziele verfolgen und häufig Menschen helfen, die sich in materieller Not befinden oder unterprivilegiert sind. Beispiele aus diesem Bereich: Arbeiterwohlfahrt, Caritas, Deutsches Rotes Kreuz, Diakonisches Werk, Familien- und Frauenverbände.
- **Vereinigungen für Sport und Freizeit:** Zu dieser Kategorie zählen die Verbände auf dem Gebiet des Sports, Freizeit- und Touristenclubs.
- **Kulturelle Vereinigungen:** Neben Gesangvereinen gehören hierzu auch wissenschaftliche Gesellschaften, Literaturclubs, Museen etc.
- **Vereinigungen ideellen und politischen Charakters:** Neben den Religionsgemeinschaften zählen hierzu auch Gruppierungen, die bestimmte politische Ziele erreichen wollen (z. B. Europa Union, amnesty international, Gesellschaft für Menschenrechte).

Verfassungsrechtliche Stellung

Viele Vereine und Verbände sind nur lokal/regional organisiert, oft besteht aber ein mehrstufiger Aufbau, der neben der Orts- und Kreisebene auch Bezirks-, Landes- und Bundesverbände umfasst. Je größer die Bedeutung der EU wird, desto eher werden sich Zusammenschlüsse auf europäischer Ebene bilden.

Das Grundgesetz erwähnt die Interessenverbände indirekt, indem es aufgrund von Art. 9 allen Deutschen das Recht zuspricht, sich zu Vereinen zusammenzuschließen, wobei aber die Verfassungsmäßigkeit gegeben sein muss. Vorschriften über den Aufbau der Vereine und Verbände enthält das Grundgesetz nicht. Hier gelten die Regeln des **Vereinsgesetzes**, nach denen es neben der Mitglieder- oder Delegiertenversammlung Vorstände geben muss, die in regelmäßigen Abständen zu wählen sind. Auf den Versammlungen legen die Vorstände ihre Arbeit und ihr Finanzgebaren offen und werden anschließend durch die Delegierten entlastet. Jeder Verband kann sich in diesem Rahmen eine eigene Satzung geben, die Vorschriften für sein Verbandsleben enthält.

Zielsetzung, Aufgaben und Arbeitsweise

Im Unterschied zu politischen Parteien verfolgen die meisten Verbände begrenzte Ziele. Sie nehmen nicht an Wahlen teil und finanzieren sich meist durch Mitgliedsbeiträge, erhalten allerdings zuweilen auch öffentliche Mittel, um ihre Aufgaben erledigen zu können. Am Beispiel des Deutschen Fußballbundes (DFB) sei verdeutlicht, worauf sich die **Einflussnahme** dieses Verbandes auf den verschiedenen staatlichen Ebenen erstreckt.

Ebene	Organisation	Zielsetzung	Mittel/Umsetzung
Gemeinde	örtlicher Sport-, Fußballverein	Bau und Unterhalt von Fußballplätzen und Vereinsheimen	Gemeinde stellt Finanzmittel und Flächen zur Verfügung, baut Wege
Kreis	Kreisfußballbund	flächendeckendes „Netz" von Fußballplätzen, Förderung von Vereinen	Kreissportpläne, Kreistag bewilligt Zuschüsse; Mitnutzung von Kreissportanlagen
Land	Landesfußballverband	gleichmäßige Ausstattung des Landes mit Sportstätten	Landessportpläne und Sportstättenstandards, Unterhaltung, Förderung der Sportstätten
Bund	DFB (Deutscher Fußballbund)	Ausbau von Sport-, Fußballzentren; nationale Standards	Zuschüsse für zentrale Sportstätten und Bildungsinstitutionen, Erlass bundeseinheitlicher Vorschriften
EU/ Europa	UEFA (Europäischer Fußballverband)	Europäische Wettbewerbe; Standards für Fußballstätten; arbeitsrechtliche Vorschriften	Europäische Regierungen sollen Standards für Sportstätten durch Förderung umsetzen
Welt	FIFA (Weltfußballverband)	Weltturniere für Sportstätten und Spieler	s. Europa

Das Beispiel des DFB veranschaulicht schon einige der Ansprechpartner der Verbände. Insgesamt wenden sich Interessengruppen an folgende Adressaten:

- **Öffentlichkeit:** Die Verbände propagieren über die Massenmedien ihre Forderungen. Sie organisieren Demonstrationen, Anzeigenkampagnen, Streiks.
- **Parteien:** Die Interessenverbände wenden sich an Abgeordnete ihnen nahe stehender Parteien. Sie finanzieren Wahlkämpfe, geben Parteispenden, versuchen bei Kandidatenaufstellungen ihre Vorschläge durchzusetzen.
- **Parlamente:** Die Verbände versuchen, ihnen verbundene Abgeordnete in die entsprechenden Ausschüsse wählen zu lassen; z. B. sitzen im Agrarausschuss des Bundestages relativ viele Landwirte, im Wirtschaftsausschuss meist Selbstständige, im Sozialausschuss viele Gewerkschaftsmitglieder.
- **Regierung/Ministerialbürokratie:** Verbandsvertreter versuchen durch enge Kontakte mit den für sie wichtigen Regierungsstellen Einfluss zu nehmen. Sie erstellen Gutachten und verfassen Stellungnahmen, um ihre Sicht eines Problems zu verdeutlichen.

Auf Bundes- und Landesebene ist die Mitwirkung von Verbandsvertretern durch Vorschriften abgesichert, da Regierungen gehalten sind, die beteiligten oder interessierten Gruppen rechtzeitig vor dem Inkrafttreten neuer Vorschriften anzuhören. Um ihren Einfluss auszuüben, unterhalten die größeren Verbände Büros und Geschäftsstellen in Brüssel, in Berlin und in den Landeshauptstädten. Die Unterschiede zwischen politischen Parteien und Verbänden verdeutlicht die folgende Darstellung:

	Parteien	Verbände
Interessen	alle Politikbereiche im Blickfeld: gemeinwohlorientiert	nur verbandsrelevante Politikbereiche: interessenorientiert
Verantwortung	dem Volk verantwortlich	nur der eigenen Gruppe
Wahlen	Teilnahme an allgemeinen Wahlen	keine Teilnahme an Wahlen
Machtausübung	erstreben Regierungsverantwortung	Durchsetzung ihrer Interessen mittels der Regierung
Finanzierung	Mitgliedsbeiträge, Spenden, Staatsmittel	Mitgliedsbeiträge, u. U. Zuschüsse des Staates
Aufbau	demokratisch; geregelt durch GG und Parteiengesetz	nur nach Vereinsrecht, im Kern demokratisch

Der Einfluss von Verbänden auf politische Entscheidungen hängt von mehreren Faktoren ab, wobei es häufig auf eine günstige Kombination ankommt:

- Eine hohe **Mitgliederzahl** kann dazu führen, dass z. B. politische Parteien hinter einem Verband ein starkes Wählerpotenzial vermuten, wie z. B. der Deutsche Gewerkschaftsbund und die Sportvereine.
- Eine hohe **Finanzkraft** ermöglicht dem Verband eine professionelle Organisation mit einer intensiven Öffentlichkeitsarbeit und Werbung.
- Verbände und ihr Einfluss können dann stärker werden, wenn ihre Organisation den größten Teil der möglichen Mitglieder einer Branche vertritt und es **keine** nennenswerte **Konkurrenzgruppe** gibt (z. B. die Industriegewerkschaft Metall für die Beschäftigten der Metallbranche).
- Für die Durchsetzung von Interessen ist die **Verbandsideologie** wichtig. Je mehr man Forderungen mit allgemein akzeptierten Werten begründen kann, desto leichter fällt es, diese durchzusetzen.
- Je näher ein Verband der jeweils **regierenden Partei** steht, desto eher wird er für seine Wünsche Gehör finden (z. B. SPD und die Gewerkschaften).
- Schließlich hängt der Einfluss auch von der Qualität der **Verbandsführung** und dem geschlossenen Auftreten bei bestimmten Forderungen ab.

Kritik an den Interessenverbänden

Kritiker beschwören die **Gefahren des Verbandseinflusses:** Manche Entscheidungen, auf welcher politischen Ebene auch immer, entsprächen zu sehr den Wünschen bestimmter Verbände, letztlich zu Ungunsten des Allgemeinwohls. Hierunter müssten dann besonders jene leiden, deren Interessen nur schlecht oder nicht organisiert seien, wie z. B. Arbeitslose, sozial Schwache und andere Randgruppen. Durch den Einfluss mächtiger Verbände, denen oftmals eine am Status quo orientierte Blockadehaltung vorgeworfen wird, können wichtige politische Reformen verzögert oder sogar verhindert werden. Andererseits verhindert der **Pluralismus** unserer Gesellschaft, dass ein Verband dauerhaft Vorteile erlangen kann. Auch die prinzipielle Öffentlichkeit fast aller Entscheidungen, die kontrollierende Rolle von Medien und politischer Opposition setzen hier deutliche Grenzen.

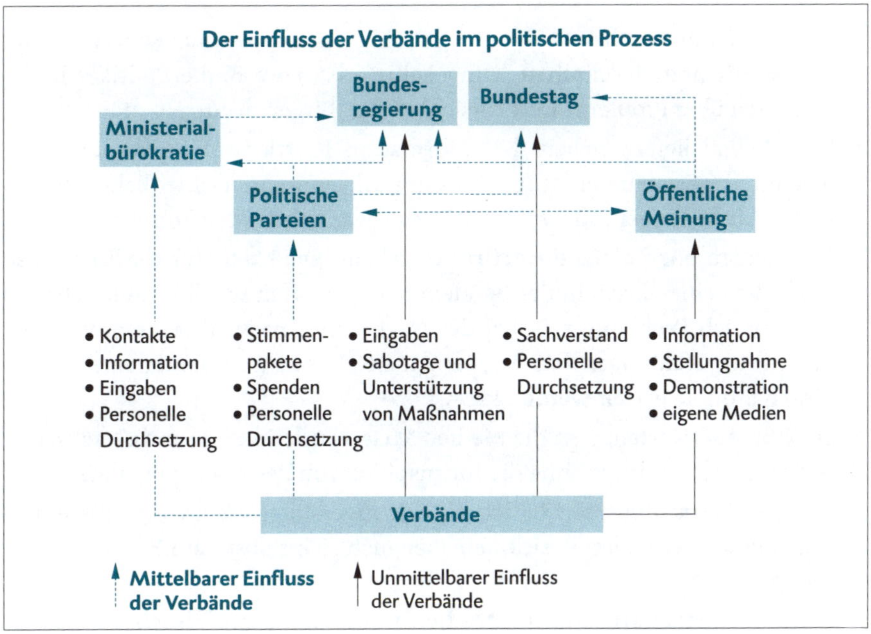

Massenmedien und Demokratie

Verfassungsrechtliche Stellung

Nach Art. 5 Abs. 1 GG herrscht **Meinungs- und Informationsfreiheit**. Jeder hat also das Recht, seine Meinung über alle Medien frei zu verbreiten. Dies gilt für Presse, Hörfunk, Fernsehen, Filme, Bücher, Flugblätter und neue Technologien wie z. B. das Internet. Das Grundgesetz verbietet eine **Zensur**, setzt allerdings dort Schranken, wo Gesetze, **Jugendschutz** oder **persönliche Ehre** verletzt werden.

Aufgaben

Ausgehend vom Begriff „Medium" besteht die grundsätzliche Aufgabe der Medien darin, „Mittel" und im weiteren Sinne „Mittler" zu sein und zwar allgemein zwischen den Bürgern und der Gesellschaft, der Wirtschaft und der Politik:

- Die Massenmedien liefern den Bürgern **Informationen** aus Politik, Kultur, Wirtschaft und Gesellschaft. Umgekehrt erhalten z. B. die Politiker Informationen über Probleme und Ansichten der Bürger zu einzelnen Fragen.
- Die Medien liefern neben der Information **Kritik und Meinungen**; sie bieten teilweise eine Plattform für die Darlegung unterschiedlicher (politischer) Auffassungen, sodass sich Bürger daran orientieren können.
- Die Medien üben eine **„Filterfunktion"** aus. Die **Nachrichtenfülle** ist so groß, dass eine Auswahl der Sendeinhalte getroffen werden muss. Hierbei können sich Probleme z. B. bei der Nachrichtenauswahl zeigen, weil sich bestimmte Meldungen besser „verkaufen" lassen und damit eine höhere Einschaltquote erzielt werden kann.
- Die Bürger erwarten, dass die Medien **Missstände** in Staat und Gesellschaft **aufdecken**, allerdings ohne die Intimsphäre von Personen zu verletzen.
- Politiker betrachten die Medien als wichtiges Instrument, ihre Parteiprogramme und aktuellen Positionen aber auch sich selbst dem Bürger zu vermitteln.
- Für die **Wirtschaft** sind die Medien mittlerweile unabdingbar, um Produkte zu vermarkten.
- Schließlich **beeinflussen** die Medien durch die Art und den Umfang von Darbietungen die **Einstellung** der Bürger unter anderem auch zu politischen Problemen.

Fernsehen und Hörfunk

Im Gegensatz zur Zeit des Dritten Reiches oder der DDR gibt es kein staatliches (Regierungs-)Fernsehen oder eine vom Staat gelenkte Presse. Die meisten Massenmedien sind **privatwirtschaftlich** organisiert. Ausnahmen sind die Rundfunk- und Fernsehsender der ARD (Arbeitsgemeinschaft der öffentlich-rechtlichen Rundfunkanstalten mit dem Sender „Das Erste" und den „3. Programmen" wie NDR, BR, hr, MDR) und das ZDF sowie die Sender Arte, 3sat, Phoenix und der Kinderkanal, an denen ARD und ZDF beteiligt sind. Diese Sender sind **öffentlich-rechtlich**, d. h. sie sind weder privat noch staatlich und haben im besonderen Maße den Auftrag, die Bürger objektiv, ausgewogen und umfassend zu informieren. Um diesem Auftrag zu entsprechen, verfügen sie über eine spezielle Struktur. Vertreter aller relevanten gesellschaftlichen Gruppen, wie z. B. Gewerkschaften, Unternehmer, Kirchen, jüdische Organisationen, Sportverbände und auch Parteien) bilden die Aufsichts- und Lenkungsgremien dieser Anstalten. Auf diese Weise wird verhindert, dass Programme zu einseitig zugunsten einer Gruppe werden. Die Finanzierung dieser Sender erfolgt durch **Rundfunkgebühren** und durch zeitlich und mengenmäßig beschränkte **Werbeeinnahmen**.

Bis 1984 verfügten ARD und ZDF mit ihren Radio- und Fernsehprogrammen über ein Monopol. Seit 1984 dürfen in Deutschland auch private Anbieter Hörfunk und Fernsehen ausstrahlen. Begünstigt wurde diese Entwicklung durch die Verkabelung der Haushalte sowie die Satellitenübertragung.

Die privatwirtschaftlich organisierten Fernseh- und Hörfunksender finanzieren sich ausschließlich durch Werbeeinnahmen und möchten mit dem Verkauf ihrer Produkte größtmögliche Erlöse erzielen. Dies tritt dann ein, wenn hohe Werbeeinnahmen im Kontext von Sendungen mit großer Zuschauerzahl („hohe Einschaltquote") erzielt werden. Es leuchtet ein, dass daher Inhalte von Sendungen, die nur von einer Minderheit gesehen werden, wie z. B. Kultursendungen, kaum in den Programmen der Privatsender auftauchen.

Kritik an mangelnder Qualität und Medienkonzentration

Da die Produktion von Fernsehsendungen sehr kostspielig ist, können sich dies nur wenige Unternehmen leisten. Die vielen privaten Sender gehören daher nur einigen Konzernen, meist großen Unternehmenszusammenschlüssen, sodass es auch in diesem Bereich zu einer Konzentration kommt. Einige Firmen sind teilweise über Tochterfirmen miteinander verbunden, teilweise sind auch große ausländische Eigentümer in der deutschen „Fernsehlandschaft" tätig. Zwischen den einzelnen Sendern/Sendergruppen existiert ein z. T. harter Konkurrenzkampf, bei dem es darum geht, so viele Zuschauer wie möglich zu gewinnen, um der werbetreibenden Wirtschaft eine breite Plattform zu bieten. Dies hat dazu geführt, dass viele Sendungen inhaltlich und in der äußeren Form so gestaltet werden, dass die vermeintlichen oder tatsächlichen Zuschauerwünsche möglichst genau getroffen werden.

Kritiker bemängeln im Vergleich mit dem Standard der ARD und des ZDF der 60er- und 70er-Jahre eine sehr deutliche **Qualitätsminderung** und Verflachung politischer Beiträge, die Verschiebung anspruchsvoller Sendungen auf ungünstige Tageszeiten, Dominanz anspruchsloser Unterhaltung, Ausblendung der Kultur. Hinzu kommt nach Meinung von Beobachtern die Tendenz bei ARD und ZDF, diesem Trend zu folgen, um keine Zuschauer zu verlieren.

Da mittlerweile das **Fernsehen** die **dominante Rolle** bei den Massenmedien spielt, ist für das politische System die Frage wichtig, ob sich die möglicherweise negativen Tendenzen in der Fernsehkultur auch auf den politischen Bereich auswirken. Dieses Problem mögen die folgenden Fragen illustrieren:

- Ist der politische **Pluralismus** hinreichend **gewahrt**, wenn es z. B. bei den privaten Anbietern nur zwei große Unternehmensgruppen gibt?
- Wie wirkt sich die **Dominanz des Fernsehens** aus, wenn Politik überwiegend nur noch über den Bildschirm vermittelt wird?
- Hat die „**Telekratie**“, die „Herrschaft des Fernsehens“, Auswirkungen auf die Auswahl des Führungspersonals bei den Parteien bzw. auf die Auswahl der Sachthemen, mit denen sich die Politik beschäftigt?
- Welchen Stellenwert hat die Politik in den Medien angesichts der **Dominanz des Unterhaltungssektors**?
- Werden Ereignisse/Probleme **unzulässig vereinfacht** und nur noch über Personen vermittelt?
- Erlangen nicht eher unwichtige Ereignisse (z. B. Naturkatastrophen in fernen Weltgegenden) einen hohen Stellenwert, weil sie „**telegen**“ sind?

Zeitschriften und Zeitungen

Neben dem Fernsehen spielen **Zeitungen** als Massenmedium eine wichtige Rolle im politischen Prozess. Erscheinungsbild und Leserschaft sind dabei recht unterschiedlich. Zu den **überregionalen Tageszeitungen** gehören vor allem die Frankfurter Allgemeine Zeitung, die Süddeutsche Zeitung, Die Welt und die Frankfurter Rundschau. In den meisten Regionen verfügen **Regionalzeitungen** über eine große Stammleserschaft. Im Bereich der Boulevardpresse ist vor allem die marktbeherrschende Bild-Zeitung hervorzuheben. Eine weitere Kategorie bilden die **Wochenzeitungen/Wochenmagazine** (z. B. Die Zeit, Rheinischer Merkur, Der Spiegel, Focus). Sie decken ein breites Spektrum des politischen, gesellschaftlichen und wirtschaftlichen Lebens ab und konzentrieren sich eher auf weniger tagesaktuelle, aber langfristige Tendenzen und Strukturen.

Alle Zeitungen sind **meinungsbildend**, indem sie über Politik berichten und reflektieren. Für die breite Masse der Bevölkerung spielen dabei die regionalen Tageszeitungen und einzelne Boulevard-Blätter eine große Rolle. Die überregionalen Tageszeitungen dagegen werden eher von den Mittel- und Bildungsschichten in Wirtschaft, Kultur und Politik gelesen.

Kritik an den Medien

Die Art und Weise, wie Zeitungen und das Fernsehen über politische Ereignisse berichten und diese kommentieren, beeinflusst wiederum den Inhalt und den Verlauf solcher Geschehen. Der Einfluss aller Medien wird vielfach als so bedeutend eingeschätzt, dass von einer **Vierten Gewalt** gesprochen wird, der aber eine demokratische Legitimation fehlt. In diesem Zusammenhang wird Massenmedien vorgeworfen, dass sie

- politische Sachverhalte unzulässig **vereinfachen**,
- politische Ereignisse wenig sachlich sehen, sondern eher **personalisieren**,
- manche Probleme unnötig (und nur kurzzeitig) **dramatisieren**,
- eher an **„negativen“** als an **„positiven“ Meldungen** interessiert seien,
- häufig **Meldung** und **Kommentierung** vermengen.

Die genannten Gefahren existieren zwar, werden jedoch durch die Pluralität der Medien auch gebannt. Wichtig sind in diesem Zusammenhang verantwortungsbewusst handelnde Journalisten, die nicht nur auf die Steigerung des Absatzes bzw. eine höhere Einschaltquote achten, sondern sich dem Ethos eines **aufklärerischen** und **investigativen Journalismus** und der wahrheitsgemäßen Darstellung verpflichtet fühlen.

In den letzten Jahren ist durch das **Internet** ein Medium hinzugekommen, das mittlerweile Millionen Menschen für verschiedenste Zwecke nutzen. Aktuellste Informationen, Hintergrundberichte, bildliche Darstellungen lassen sich dadurch sehr schnell abrufen. Zeitungen oder Zeitschriften können entsprechende Informationen nicht so prompt vermitteln und richten als Folge vielfach Internetpräsentationen von Zeitungsausgaben oder spezielle Seiten ein. Da praktisch unbegrenzt Internetpräsentationen von jedermann möglich sind, stellt sich hier vermehrt die Frage der **Seriosität der Seiten**. Jegliche Filterfunktionen, die beispielsweise in den Redaktionen von Zeitungen und Rundfunkanstalten bestehen, fallen dabei weg. Somit ist der Internetnutzer vermehrt aufgefordert, den Wahrheitsgehalt von Internetseiten zu überprüfen bzw. zu hinterfragen.

Der politische Entscheidungsprozess

Arten von Rechtsvorschriften

Auf der Grundlage der zuvor genannten Einzelaspekte (z. B. Grundrechte, Verfassungsorgane, Wahlen, Parteien, Verbände, Medien) laufen Prozesse ab, die in politische Entscheidungen münden und in der Folge das Leben der Bürger beeinflussen. Die meisten dieser Abläufe enden in Rechtsvorschriften unterschiedlicher Qualität, wobei eine regelrechte Hierarchie existiert. Diese **Rechtssetzungen** sind **schriftlich** formuliert, **öffentlich**, für Bürger nachprüfbar und notfalls vor den ordentlichen Gerichten **einklagbar**. Alle Rechtsvorschriften müssen auf einem rechtsstaatlichen Wege entstanden sein.
In diesem Sinne kann der politische Entscheidungsprozess darauf abzielen,

- das Grundgesetz zu ändern,
- einzelne Gesetze zu verabschieden,
- Verordnungen der Regierung in Kraft zu setzen,
- Erlasse und Verfügungen der Exekutive herbeizuführen.

Unter- bzw. außerhalb der juristisch formulierten Entscheidungen gibt es auch Ergebnisse von Entscheidungsprozessen durch die drei Gewalten in Form von Entschließungen, Erklärungen und Auslegungen von Rechtsvorschriften.

Der moderne Staat mit seinen verschiedenen Ausprägungen und Ebenen erlässt mittlerweile eine solche Fülle von Rechtsvorschriften, dass von einer **Verrechtlichung** vieler Lebensbereiche gesprochen werden kann. Dies geht einher mit zunehmend komplexer, vielfältiger und unverständlicher werdenden Bestimmungen. Selbst Fachleute äußern immer mehr Unverständnis über diese Entwicklung. Exemplarisch zeigt sich dies u. a. im Steuerrecht, das der Einzelne vielfach nicht versteht und folglich auf die Hilfe von Steuerberatern angewiesen ist. Versuche, die Kompliziertheit der Vorschriften zu reduzieren, sind bisher ganz überwiegend gescheitert.

Gesetze

Unter **Gesetzen** versteht man allgemeingültige Vorschriften, die auf lange Dauer angelegt sind, wie z. B. das Bürgerliche Gesetzbuch von 1900, und die durch die vorgeschriebenen Legislativorgane verabschiedet werden müssen. Sie legen verbindlich fest, wie sich die Mitglieder einer Rechtsgemeinschaft verhalten sollen und regeln damit das Zusammenleben in einer Gesellschaft. Im **liberalen Verfassungsstaat** des 19. Jahrhunderts waren nur wenige solcher Vorschriften erforderlich. Der **Sozialstaat** seit der zweiten Hälfte des 20. Jahrhunderts bedingt hingegen eine Vielzahl von Gesetzen, um das Wirtschaftsleben, die soziale Sicherheit, den Umweltschutz, die Bildung oder das Gesundheitswesen zu regeln. Die Zahl der während einer Legislaturperiode verabschiedeten Gesetze hat sich kontinuierlich erhöht und liegt mittlerweile schon bei über 5 500.

Prinzipiell erfüllen Gesetze mehrere **Funktionen**. Sie ordnen dort das Leben eines Volkes, wo es offensichtlich als erforderlich angesehen wird, dass eine Regelung in einen bestimmten Lebensbereich hergestellt wird. Weiterhin tragen Gesetze dazu bei, dass das betreffende Volk in einem sicheren Gemeinwesen leben kann. Ferner erfüllen Gesetze in heutigen Staaten zunehmend die Aufgabe, Leistungen des Staates an seine Bürger oder einzelne Gruppen zu definieren bzw. zu gewähren. Auf der anderen Seite schreiben Gesetze auch Verpflichtungen des Einzelnen gegenüber dem Gemeinwesen fest.

Verordnungen

Neben Grundgesetzänderungen sowie den Gesetzen haben **Rechtsverordnungen** eine quasi legislative Funktion, da deren Erlass voraussetzt, dass in einem Gesetz eine Rechtsverordnung ermöglicht wird. Das Grundgesetz sieht in Art. 80 vor, dass die Bundesregierung, ein einzelner Bundesminister oder eine Landesregierung sich solcher Vorschriften bedienen darf. Das Grundgesetz fordert ferner, dass Inhalt, Zweck und Ausmaß für die Ermächtigung im Gesetz genau bestimmt werden müssen. Dies trägt dazu bei, dass Rechtsverordnungen den Inhalt von Gesetzen nicht verändern bzw. aushöhlen. Vielen Rechtsverordnungen muss der Bundesrat zustimmen, da die Ausführung überwiegend durch die Verwaltung der Bundesländer erfolgt.

Die Bedeutung von Rechtsverordnungen wird zuweilen unterschätzt. Dies liegt u. a. daran, dass solche Vorschriften oft eher unter Ausschluss der Öffentlichkeit entstehen. Ihr Inhalt bleibt recht begrenzt, obwohl er **detaillierter** als der Paragraf eines Gesetzes und somit – auf den Einzelfall bezogen – viel bedeutsamer ist. Weder der Bundestag noch die politischen Parteien oder die Massenmedien befassen sich nennenswert mit der Materie. Rechtsverordnungen werden wie Gesetze im Bundesgesetzblatt veröffentlicht.

An diesen Verordnungen sind häufig nur betroffene Gruppen und Verbände interessiert. Diese können durch Gespräche und Eingaben an das zuständige Ministerium versuchen, in ihrem Sinne Einfluss zu nehmen. Bei den Vorschriften, denen der Bundesrat zustimmen muss, erscheint es der Regierung geraten, rechtzeitig vor einem Bundesratsbeschluss einen Konsens mit den Ländern herbeizuführen.

Erlasse, Verfügungen

Erlasse und Verfügungen sind in der Praxis oft noch wichtiger als Gesetze, juristisch jedoch von minderer Qualität. **Erlasse** regeln bestimmte Teilbereiche im Geschäftsbereich eines Ministeriums. So verkündet z. B. das Kultusministerium eines Landes per Erlass Richtlinien für das Fach Politik in der Oberstufe seiner Gymnasien oder es regelt mit einem Erlass, wie die Formblätter für Zeugnisse aussehen sollen.

Verfügungen sind noch enger gefasst und regeln kleinere Teilbereiche. Sie werden von Abteilungen der Ministerien oder von nachgeordneten Behörden, z. B. den Bezirksregierungen, herausgegeben und regeln ganz praktische Angelegenheiten (u. a. die Verfügung einer Stadt über die Raumtemperatur in den Dienstgebäuden). Im Rahmen der Rechtsvorschriften entscheiden dann Mitarbeiter von Behörden (z. B. der Steuerbescheid für eine Firma, der Beschluss der Gesamtkonferenz einer Schule über Klassenfahrten).

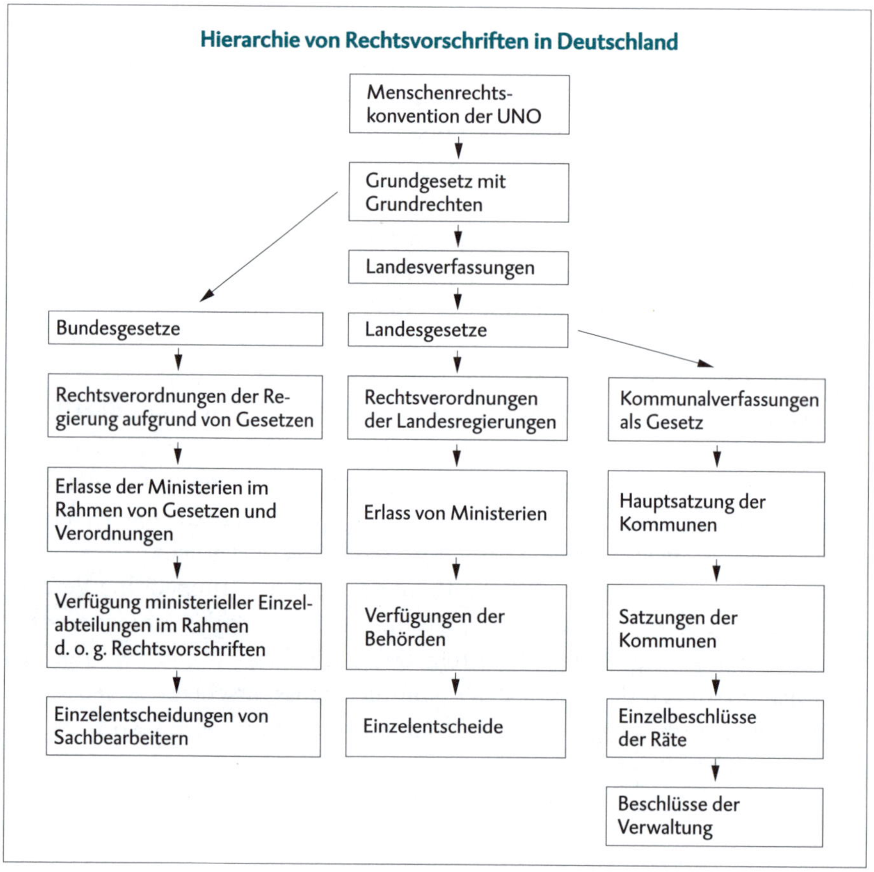

Der Gesetzgebungsprozess

Das Grundgesetz bzw. die Landesverfassungen regeln das Gesetzgebungsverfahren. Auf Bundesebene verläuft der Gesetzgebungsprozess folgendermaßen:

Gesetzesinitiative

Die **Gesetzesinitiative** kann von der Bundesregierung, dem Bundestag oder -rat ausgehen. Am häufigsten initiiert die Bundesregierung die Gesetzesvorlagen, obwohl sie nach der Gewaltenteilungslehre nicht die Legislative, sondern die Exekutive darstellt. In der politischen Praxis verkörpert die Regierung die Führung eines Landes und stellt die Spitze der Mehrheitsfraktionen des Bundestags dar. Mit den Ministerien verfügt die Regierung über eine große Zahl kompetenter Beamter, die eine Gesetzesvorlage politisch, sachlich und juristisch umfassend vorbereiten können.

In der **ersten Phase** erstellt das zuständige Ministerium einen sog. **„Referentenentwurf"**. Hierbei formuliert der zuständige Leiter einer ministeriellen Fachabteilung einen Entwurf auf Grundlage eingehender Gespräche mit Fachleuten im Ministerium, mit dem Minister, den Sprechern der Regierungsmehrheit sowie Vertretern der Interessenverbände. Daraus entwickelt sich ein konkreter **Gesetzesvorschlag**, der dann innerhalb des Ministeriums für die gesamte Bundesregierung bearbeitet wird. Parallel dazu gibt es oft Gespräche mit benachbarten Ministerien, insbesondere mit dem Justiz- und Finanzministerium, um sicherzustellen, dass das künftige Gesetz juristisch korrekt und finanzierbar sein wird. Hierbei werden auch Gutachten und Stellungnahmen von Experten berücksichtigt. Am Ende dieser Phase steht ein förmlicher Beschluss der Bundesregierung, einen Gesetzesvorschlag der Legislative vorzulegen.

Vom **Bundestag** stammen nur wenige Gesetzesvorlagen. Die jeweilige Parlamentsmehrheit stellt die Regierung und nutzt folglich das Expertenwissen der Ministerien. Die Opposition schlägt selten Gesetze vor, wissend, dass ihre Erfolgschancen gering sind und ihre Rolle vor allem darin besteht, die Regierungspolitik kritisch zu begleiten. Relativ wenige Gesetze kommen auch vom **Bundesrat**, vornehmlich dann, wenn Länderinteressen berührt werden oder die Bundestagsopposition durch die Landesregierungen über eine „politische" Mehrheit in der Länderkammer verfügt.

Bei Gesetzesinitiativen der Bundesregierung und des Bundesrats verlangt das Grundgesetz jeweils auch eine Stellungnahme des nicht initiierenden Organs, ehe im Bundestag die eigentliche Beratung beginnt. Der Grund ist, dass entweder die Bundesregierung oder die Landesregierungen Gesetze ausführen müssen und der Bundestag bei seinen Beratungen wissen soll, ob die Exekutiven die Vorschläge als praktikabel ansehen.

Beratung im Bundestag

Danach beginnt der Bundestag mit der Beratung des **Gesetzentwurfs:**

- Zu Beginn der **1. Lesung** erläutert die Bundesregierung, vertreten durch den zuständigen Minister oder dessen Vertreter, die Ziele, die mit dem Gesetz verfolgt werden. Danach nehmen die Fraktionen durch ihre Experten zum Entwurf der Regierung Stellung. Eine weitere Beratung erfolgt nicht.
- Der nächste Schritt besteht darin, dass die **Fachausschüsse** des Bundestags den Gesetzentwurf beraten. In dieser Phase leistet der Bundestag seine intensivste Arbeit, denn ein Gesetzentwurf wird in den Fachausschüssen sehr detailliert diskutiert. Auch die Vertreter der Regierungsmehrheit akzeptieren dann oft noch Veränderungen des Entwurfs. Die Oppositionsvertreter formulieren Alternativen. Schließlich stimmen die Ausschüsse über jeden einzelnen Abschnitt eines Gesetzentwurfs ab.
- Im dritten Schritt, auch **2. Lesung** genannt, legen die Vertreter der Bundesregierung, der Fraktionen und manchmal der Bundesländer ihre **Grundpositionen** zu dem Gesetzentwurf im Plenum des Bundestags dar. Am Ende finden Abstimmungen zu einzelnen Abschnitten der Vorlage statt.
- Im **letzten Schritt**, der dritten Lesung, wird nach einer zusammenfassenden Diskussion über den vorliegenden Gesetzesentwurf insgesamt abgestimmt. Der Entwurf ist angenommen, wenn die Mehrheit zustimmt. Bei verfassungsändernden Gesetzen ist eine Zwei-Drittel-Mehrheit notwendig.

Mitwirkung des Bundesrats

Hat der Bundestag einem Gesetzentwurf zugestimmt, berät der Bundesrat das Vorhaben. Zunächst erfolgt eine intensive Diskussion in den Fachausschüssen. Jedes Bundesland verfügt in einem Ausschuss über eine Stimme. Die Ausschüsse tagen nicht öffentlich, sodass eine vertrauliche, sachliche, auf Kompromisse abzielende Arbeitsatmosphäre vorherrscht. Parteipolitisch geprägte Debatten werden dadurch seltener. Die Bundesregierung nimmt auch regelmäßig an den Ausschusssitzungen teil. Abstimmungen erfolgen mit einfacher Mehrheit. Der Bundesrat beendet seine gesetzgeberische Arbeit zunächst damit, dass über die Vorlage sowie über die dazugehörigen Empfehlungen seiner Ausschüsse abgestimmt wird. Die Debatten im Bundesratsplenum fallen dabei eher kurz und sachbetont aus. Die Bundesregierung erläutert zumeist ihr Vorhaben. Für die Beratungen und Abstimmungen hat der Bundesrat drei Wochen Zeit.

Stimmt der Bundesrat dem Gesetzentwurf zu, endet das Gesetzgebungsverfahren schnell. Das von der Legislative angenommene Gesetz wird danach durch den Bundeskanzler und den zuständigen Fachminister unterzeichnet und durch den **Bundespräsidenten ausgefertigt**. Am Ende wird das Gesetz

im Bundesgesetzblatt verkündet und tritt dann sofort – oder zu einem im Gesetz bestimmten Datum – in Kraft.

Lehnt der Bundesrat einen Gesetzesvorschlag ab, scheitert das Vorhaben, es sei denn, der Bundesrat, der Bundestag oder die Bundesregierung rufen den **Vermittlungsausschuss** an. Dieser soll einen Ausgleich von Meinungsverschiedenheiten zwischen den Organen der Legislative herbeiführen. Diese Aufgabe hat der Vermittlungsausschuss schon oft erfolgreich erfüllt. Dafür gibt es mehrere Gründe: Mit 32 Mitgliedern kann er effektiv arbeiten, die Beratungen erfolgen nicht öffentlich und die Mitglieder arbeiten nicht weisungsgebunden. Schließlich eint oft die Einsicht, dass Bund und Länder aufeinander angewiesen sind. Folgende Ergebnisse des Verfahrens sind denkbar:

- Schlägt der Ausschuss Änderungen vor, beraten Bundestag und -rat erneut über die Empfehlungen. Stimmen beide zu, kann das Gesetz in Kraft treten.
- Schlägt der Ausschuss keine Änderungen vor oder einigt er sich nicht, berät der Bundestag nicht mehr, der Bundesrat hingegen erneut. Stimmt er zu, kann das Gesetz in Kraft treten. Bleibt der Bundesrat bei seiner ablehnenden Haltung, ist es wichtig, ob es sich um ein Zustimmungs- oder ein Einspruchsgesetz handelt. Bei einem **Zustimmungsgesetz**, das sind ca. 60 % aller Gesetze, ist die Zustimmung des Bundesrats notwendig. Dies gilt für Gesetze, die die Verwaltung der Länder und deren Finanzen beeinflussen. Änderungen des Grundgesetzes bedürfen einer 2/3-Mehrheit der Länderkammer. **Einspruchsgesetze**, die der Bundesrat ablehnt, kann der Bundestag hingegen erneut bestätigen. Die Mehrheit dafür muss der ablehnenden Mehrheit in der Länderkammer, also einer absoluten oder 2/3-Mehrheit, entsprechen.

Öffentlichkeit des Verfahrens

Das **Gesetzgebungsverfahren** ist größtenteils **öffentlich**. Daraus folgt, dass während des gesamten Beratungszeitraums über die Vorhaben auch öffentlich diskutiert werden kann. Nicht nur die Parlamentarier, Regierungsvertreter und Vertreter der Bundesländer befassen sich mit einem Gesetz. Dies kann gleichermaßen für interessierte Parteigliederungen, betroffene Verbände und einen Teil der Medien gelten: Angenommen, eine sozialdemokratisch geführte Bundesregierung möchte das Arbeitslosengeld deutlich kürzen, hat die sie tragenden Fraktionen davon überzeugt und möchte dies wenige Monate vor einer Bundestagswahl per Gesetz beschließen lassen. In dem Moment, in dem solche Pläne bekannt werden, dürfte sich von verschiedenen Seiten Widerstand erheben, besonders von Verbänden aus dem Arbeits- und Sozialleben, die den Vorwurf des Sozialabbaus durch eine SPD-Regierung ins Feld führen. Die Bundestagsopposition hätte nun eine Chance, künftige Wähler aus dem Arbeitnehmerlager zu gewinnen. Möglich ist auch, dass sich neben den Oppositionsparteien ein Teil der Presse, besonders die Boulevardpresse, der Kampagne gegen die Vorlage anschließt. Dies wiederum mag bei vielen Abgeordneten und Kandidaten der SPD Ängste um den Ausgang der nächsten Wahl hervorrufen. Diskussionen in der Fraktion, der Parteiführung, der Regierung um diese Vorlage könnten erneut beginnen und dazu führen, den Gesetzesentwurf zurückzuziehen oder entsprechend den Forderungen der Gegner zu ändern.

Daran wird deutlich, dass der verfassungsrechtliche Rahmen, die Staatsorgane, Parteien, Verbände, Medien bei politischen Entscheidungen zusammen gesehen werden müssen. Erst aus dem **gemeinsamen Wirken** und dem Gegeneinander all dieser Kräfte bilden sich **neue Strukturen** und Abläufe.

Sonstige politische Willensbildung

Außerhalb des gesetzlich festgelegten Rahmens finden durch alle drei Gewalten weitere politische Willensbildungsprozesse statt.

Der Bundestag und die Bundesregierung formulieren in Erklärungen und Entschließungen, den sogenannten **Resolutionen**, Standpunkte zu Einzelfragen der Politik, zu möglichen Problemlösungen oder liefern Aussagen, die später zu Gesetzen oder Verordnungen verdichtet werden. Seitens der Bundesregierung erfolgen häufiger **Regierungserklärungen**, zumeist eine grundlegende Erklärung nach der Kanzlerwahl, die die wesentlichen Zielsetzungen auf allen politischen Gebieten beinhaltet. Spätere Regierungserklärungen befassen sich mit Einzelaspekten der Politik, z. B. der Position der Bundesregierung zu Auslandseinsätzen der Bundeswehr, Maßnahmen der Regierung zur inneren Sicherheit, Abwehr von auswärtiger Spionage oder Maßnahmen zur Drogenbekämpfung. In diesem Zusammenhang sind auch die meist jährlichen Berichte der Bundesregierung zu konkreten Themen zu nennen, wie z. B. der Agrarbericht, der Bericht über politischen Extremismus oder der Jahreswirtschaftsbericht. Alle enthalten neben einer Bestandsaufnahme meist Hinweise auf Maßnahmen der Bundesregierung in diesem Bereich.

Im Vorfeld zu solchen öffentlichen Äußerungen recherchieren die betroffenen Ministerien, stimmen die Äußerungen mit dem Minister, dem Kabinett und den Koalitionsspitzen ab, befragen dazu unter Umständen besonders involvierte Verbände. Den Berichten und Erklärungen folgt eine **Bundestagsdebatte**, die Anlass dazu gibt, die dargelegte Politik zu verteidigen, zu kritisieren, Änderungen zu verlangen. Regierungs- und Oppositionsparteien verhalten sich dabei meist „rollengerecht“. Für die Massenmedien interessante Berichte werden in der Presse oder im Fernsehen reflektiert und kommentiert.

Somit bildet die Aussprache über Berichte und Erklärungen für die Regierung die Chance, die Akzeptanz ihrer Politik zu überprüfen.

Seltener als die Bundesregierung verabschiedet der Bundestag Erklärungen zu Fragen der aktuellen Politik. Daher sind diese Beschlüsse von grundlegenderer Bedeutung und binden in gewissem Umfang die Politik der Bundesregierung oder unterstützen sie nachdrücklich. Der Bundesrat formuliert kaum politische Resolutionen, das Bundesverfassungsgericht überhaupt nicht.

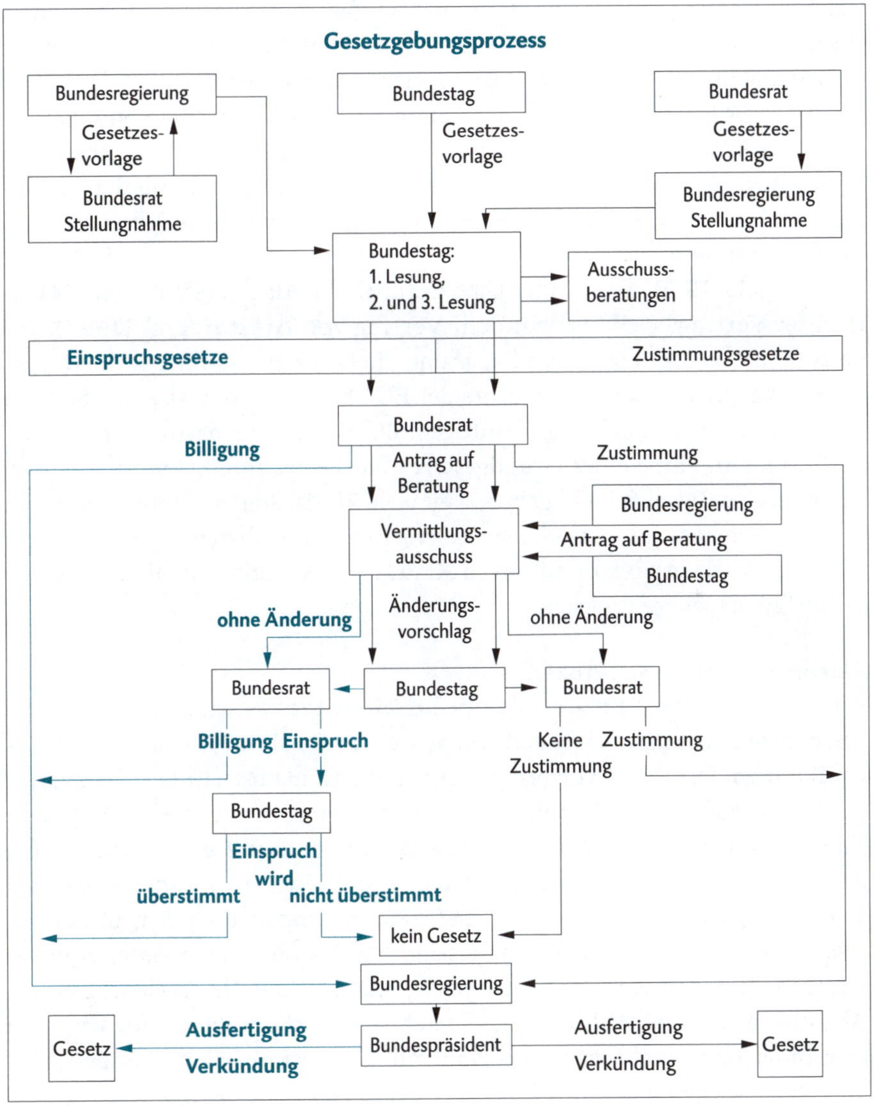

Die Europäische Union und die politische Willensbildung

Viele politische Beschlüsse und Gesetze werden nicht mehr in den einzelnen EU-Staaten, sondern durch die EU und ihre Organe bestimmt. Die **EU** ist damit zwar noch **kein souveräner Staat**, jedoch auf dem Weg von einem **Staatenbund** zu einem **föderalistischen Gemeinwesen**, das in Teilen die Souveränität der 27 Einzelstaaten übernommen hat. Hierzu zählen viele Bereiche der Wirtschafts-, Finanz-, Sozial-, Agrar-, Umwelt- und Verkehrspolitik. Das Gemeinschaftsrecht dominiert in diesen Bereichen das nationale Recht. So bleibt im Sinne des Themas „Demokratie" zu fragen, inwieweit die EU parlamentarisch-demokratischen Prinzipien entspricht.

26 der 27 EU-Staaten regeln ihr demokratisches Leben durch eine Verfassung, die Ausnahme bildet Großbritannien. Für die EU existiert noch keine Verfassung. Allerdings enthalten die Verträge zur Ausgestaltung der EU zunehmend auch Verfassungselemente. Bei diesen Verträgen handelt es sich u. a. um den Gründungsvertrag der Europäischen Wirtschaftsgemeinschaft **(EWG)** aus dem Jahr 1957, die „Einheitliche Europäische Akte" (1986), den **„Maastrichter Vertrag"** (1992) sowie den **„Vertrag von Amsterdam"** (1997). Ende 2000 haben die Staats- und Regierungschefs der EU auf ihrer Konferenz in Nizza eine „Charta der Grundrechte der EU" beschlossen, was einen bedeutsamen Teil einer möglichen künftigen EU-Verfassung darstellt. Eine EU-Verfassung im Sinne eines Grundgesetzes für die gesamte EU wird es jedoch in absehbarer Zukunft nicht geben, weil viele EU-Staaten befürchten, dadurch zu viele Elemente ihrer staatlichen Souveränität zu verlieren. Stattdessen trat 2009 der **Vertrag von Lissabon** in Kraft, der das institutionelle Gefüge der EU in Teilen weiterentwickelt.

Akteure des politischen Prozesses

Betrachtet man die **Faktoren des politischen Prozesses**, bleibt festzustellen, dass deren Wirksamkeit geringer ausgeprägt ist als im jeweiligen nationalen Rahmen. Die EU-Bevölkerung übt, auf die Gemeinschaft bezogen, geringeren Einfluss auf die Politik aus als in den Einzelstaaten. Alle fünf Jahre finden Wahlen zum **Europäischen Parlament** statt. In Deutschland verfügt der Wähler über eine Stimme, mit der er die Liste einer Partei ankreuzen kann. Die großen Parteien CDU und SPD entsenden nach den bisherigen Wahlergebnissen pro großem Bundesland fünf bis zehn Parlamentarier in das Europäische Parlament. Die relativ geringe Anzahl und die Tatsache, dass die Abgeordneten keine Wahlkreiskandidaten sind, entfernt diese – im Vergleich zum Bundestag – recht weit vom Wahlvolk. Die Chance, einen Europa-Abgeordneten zu sehen und ihm Wünsche vorzutragen, bleibt gering.

Weitere Einflussmöglichkeiten seitens der europäischen Völker existieren nur in Ansätzen. Beispielsweise gibt es von Bauern oder den Gewerkschaften organisierte Demonstrationen in der **„europäischen Hauptstadt" Brüssel**.

Die **Parteien in der EU** schließen sich zunehmend nach den wichtigsten ideologischen Richtungen zusammen und konstituieren sich im Europäischen Parlament als Fraktionen. Somit gibt es von „links" nach „rechts" die Vereinigte Linke, die Sozialisten, Grüne, Liberale, die Christdemokraten und Konservative. Da die Fraktionen Abgeordnete aus unterschiedlichen EU-Staaten umfassen, formen sich auf diese Weise Ansichten, die sich EU-weit ausrichten und die nationale Perspektive zum Teil überwinden.

Auf EU-Ebene gibt es bereits zahlreiche Zusammenschlüsse von **Verbänden**, beispielsweise bei den Gewerkschaften, den Arbeitgebern oder den Landwirten. Diese **Interessengruppen** vertreten teilweise recht effektiv die Wünsche ihrer Klientel gegenüber den europäischen Institutionen im Rahmen des Willensbildungsprozesses, ähnlich wie gegenüber den nationalen Institutionen.

Die europäische **„Medienlandschaft"** ist überwiegend **national geprägt**. Zeitungen, Hörfunk und Fernsehen erscheinen auf die jeweiligen Staaten bezogen. Europäische Zeitungen und europäische elektronische Medien, die europaweit meinungsbildend sind, gibt es kaum. Bezüglich des Fernsehens lässt sich in diesem Sinne nur der **deutsch-französische Kultursender „Arte"** nennen. Hier zeigt sich ein Haupthindernis bei einer weitergehenden europäischen Willensbildung: die Sprachenvielfalt und die Unmöglichkeit, sich auf eine gemeinsame Hauptverständigungssprache **(„lingua franca")** zu einigen. Somit tauchen Aspekte der EU-Politik in den Medien immer aus einer nationalen Perspektive auf.

EU-Institutionen

Die **europäischen Institutionen** ähneln im Prinzip den vergleichbaren Einrichtungen auf nationaler Ebene. Die Legislative bilden das Europäische Parlament und der Rat der Europäischen Union, die Exekutive stellt die Europäische Kommission und die Judikative der Europäische Gerichtshof (EUGH).

Die **Legislative** mit ihren zwei Kammern lässt sich mit Bundestag und Bundesrat vergleichen. Das **Europäische Parlament** wird direkt von den EU-Bürgern gewählt. Seine Tätigkeit gleicht der des Bundestags. Die meisten EU-Gesetze und der Haushalt treten nur in Kraft, wenn das EU-Parlament ihnen zugestimmt hat. Vor allem hat es bei allen Ausgaben die Letztentscheidung. Das Parlament wählt den Kommissionspräsidenten, muss der Besetzung der Kommission zustimmen und kann diese insgesamt zum Rücktritt zwingen; es wählt diese aber nicht und hat in der Gesetzgebung kein Initiativrecht.

Der Rat der Europäischen Union bzw. **Ministerrat** – zusammen mit dem **Europäischen Rat der Staats- und Regierungschefs** – bildet immer noch das „politische Schwergewicht“ der EU, ist er doch an der Nominierung Kommission beteiligt, bevor die Liste mit Kommissaren dem EU-Parlament vorgelegt wird, und bestimmt stärker als dieses die Gesetze. Ähnlich dem Bundesrat sind die größeren Staaten im Rat stärker vertreten. Die meisten Beschlüsse im Ministerrat werden mit qualifizierter Mehrheit getroffen. Ab 2014 müssen die Befürworter eines Beschlusses dabei mehr als 55 % der Staaten und mindestens 65 % der Bevölkerung repräsentieren, damit dieser zustande kommt.

Die **Kommission** schlägt Maßnahmen und Gesetze vor und führt diese aus. Insoweit ähnelt sie den nationalen Regierungen. Andererseits verkörpert sie nicht die Spitze der Mehrheit im vom Volk gewählten Parlament, sondern eher den Konsens, der im Vorfeld ihrer Ernennung vom Rat erzielt wurde. Insoweit steht auch das gesamte EU-Parlament der Kommission gegenüber und nicht nur die jeweilige Opposition.

Der **Europäische Gerichtshof** hat sich ähnlich entwickelt wie die obersten nationalen Gerichte. In Bezug auf europäisches Recht und seine Anwendung hat er wichtige Entscheidungen gefällt. Dies gilt für alle Politikbereiche, für die die EU zuständig ist, z. B. bei der Vereinheitlichung des Arbeitsrechts, beim Straßenverkehr und dessen Belastung mit Gebühren oder der Gleichstellung von Mann und Frau im Beruf.

Stärker als in Deutschland ist in der EU die Mitwirkung und Anhörung der Interessen- und Regionalvertreter. Im **Wirtschafts- und Sozial-** bzw. im **Regionalausschuss** repräsentieren jeweils 344 Mitglieder die Auffassungen ihrer Gruppen bzw. Gebiete, wobei Legislative und Exekutive deren Wünsche anhören und berücksichtigen sollen.

Gesetzgebung

Das Gesetzgebungsverfahren ähnelt dem deutschen. Die meisten Vorschläge erarbeitet die Kommission. Der Europäische Rat und der Ministerrat erteilen grundsätzliche Aufträge an die Kommission, Maßnahmen vorzubereiten. Mehrere Lesungen, Ausschussberatungen, unter Umständen Vermittlungsverfahren zwischen Rat und Parlament bilden den Rahmen für Gesetze und andere Beschlüsse, die am Ende im Amtsblatt der EU veröffentlicht werden.

Demokratiedefizite

Betrachtet man die EU unter dem Gesichtspunkt „Entwicklung zu einer demokratischen Gemeinschaft“, bleiben deutliche Defizite. Hierzu zählen:

- Die tatsächliche Politik bestimmen zu sehr die **EU-Regierungen** im Zusammenwirken mit der EU-Exekutive.

- In der EU ist ein **föderalistisches Staatswesen** bisher nur partiell entwickelt. Daher dominiert oft das Interesse der Nationalstaaten, repräsentiert durch die Regierungen.
- Es mangelt noch an einem **gesamteuropäischen Bewusstsein** bzw. einer **EU-Identität**, sodass die europäischen Völker noch zu wenig danach trachten, die repräsentative Demokratie in der EU verstärkt zu verankern.
- Das **EU-Parlament** muss sich noch mehr in Richtung des zentralen repräsentativen Organs der **EU-Völker** entwickeln. Dazu müssten seine Kompetenzen erweitert und die des Rates reduziert werden.
- Es erscheint schwierig, dass sich eine **EU-Öffentlichkeit** für politische und kulturelle Diskussionen entwickelt. Eine wesentliche Rolle spielt dabei, dass es keine gemeinsame Sprache gibt.

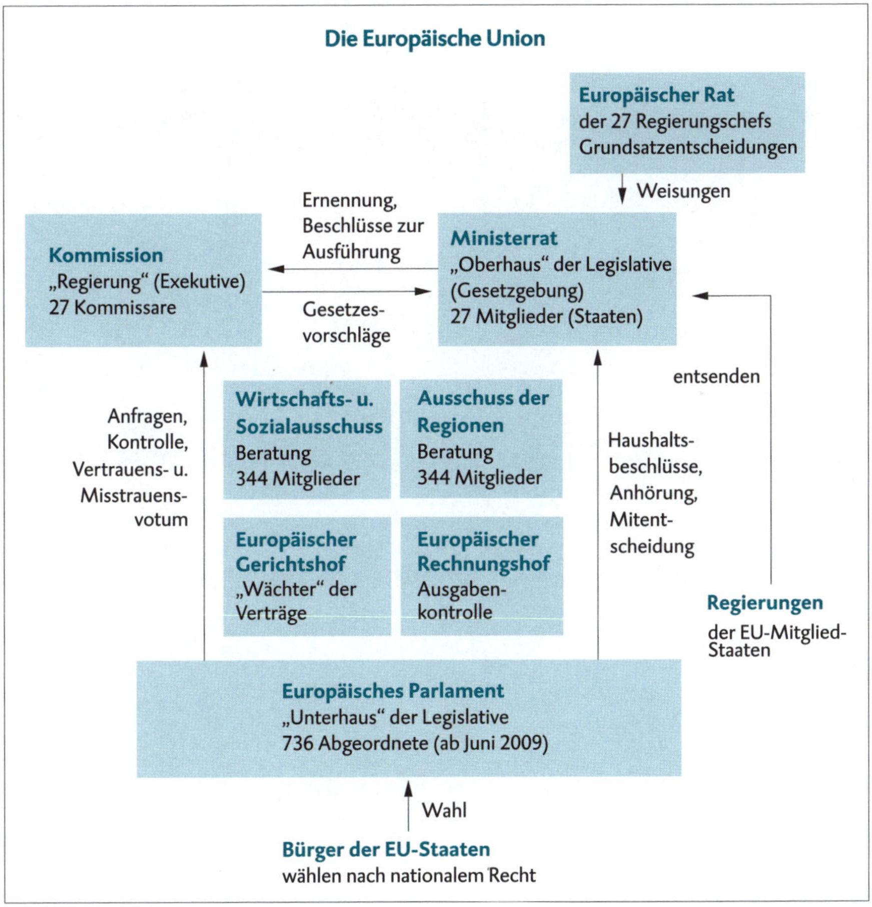

Die präsidentielle Demokratie der USA

Historische Grundlagen

Das politische System der USA ist die zentrale Alternative zu dem in Europa dominierenden parlamentarischen System. Zu seiner Entstehungszeit, Ende des 18. Jahrhunderts, war es einerseits revolutionär, andererseits schon konservativ. Revolutionär, weil das gesamte politische System durch das revolutionäre Aufbegehren gegen das koloniale Mutterland Großbritannien entstand; konservativ, weil die Gründungsväter der USA wesentliche Teile des damaligen politischen Systems von Großbritannien übernahmen und diese mit den Theorien Lockes und Montesquieus verbanden. Die radikaleren Theorien Rousseaus mit ihren egalitären und plebiszitären Elementen spielten keine Rolle.

Die noch heute gültige **Verfassung** der USA entstand dann **1787**, zum Teil basierend auf Verfassungen einzelner ehemaliger Kolonien, z. B. der von Virginia (1776). Ihr Kern besteht aus nur sieben seit über 200 Jahren unverändert gültigen Artikeln. Im Lauf der Zeit wurde die Verfassung um über 20 sogenannte **„Amendments“** (Ergänzungen) erweitert. Die ersten zehn enthalten einen **Grundrechtskatalog** („Bill of Rights“) und gelten als integraler Bestandteil der Verfassung. Die weiteren Amendments beinhalten notwendige Anpassungen, z. B. als Folge der Abschaffung der Sklaverei oder Änderungen im Wahlrecht. Der Kern des politischen Systems wurde dadurch aber nicht berührt.

Bereits am 4. 7. 1776 hatten sich die Delegierten des Zweiten Kolonialkongresses in Philadelphia mit der Unabhängigkeitserklärung vom Mutterland losgesagt. Die Erklärung war im Wesentlichen von Thomas Jefferson vorbereitet worden, der die Verfassung Virginias zugrunde gelegt hatte.

Das politische System

Die Grundelemente

In der Unabhängigkeitserklärung findet sich eine klassische Passage zum Selbstverständnis der US-Amerikaner sowie zur Grundlegung des politischen Systems: „Folgende Wahrheiten erachten wir als selbstverständlich: dass alle Menschen gleich geschaffen sind; dass sie von ihrem Schöpfer mit gewissen unveräußerlichen Rechten ausgestattet sind; dass dazu Leben, Freiheit und das Streben nach Glück gehören; dass zur Sicherung dieser Rechte Regierungen unter den Menschen eingesetzt werden, die ihre rechtmäßige Macht aus der Zustimmung der Regierten herleiten; dass, wenn immer irgendeine Regierungsform sich als diesen Zielen abträglich erweist, es Recht des Volkes ist, sie zu ändern oder abzuschaffen und eine neue Regierung einzusetzen und diese auf solchen Grundsätzen aufzubauen und ihre Gewalten in der Form zu organisieren, wie es ihm zur Gewährleistung seiner Sicherheit und seines Glücks geboten zu sein scheint."

In diesen Formulierungen spiegelt sich das Ideengut des Briten John Locke: die Lehre von den natürlichen Rechten des Menschen und der Aufgabe der Institutionen, diese Rechte zu sichern. Hinzu kommt das Recht des Volkes, sich eine andere Regierung zu wählen, wenn die bisherige diesen Prinzipien nicht entspricht. In der Verfassung findet sich auch Montesquieus **Gewaltenteilungslehre** in klassischer Ausprägung wieder: Legislative, Exekutive und Judikative agieren unabhängig voneinander, werden vom Wahlvolk legitimiert und handeln als Repräsentanten des Volkes. Diese **„seperation of powers"** wird allerdings dadurch ergänzt, dass an bestimmten Punkten im Verfassungsleben auch eine **Koordination der Gewalten** herrscht, sodass es in der Folge zu keinem Stillstand in der exekutiven und legislativen Arbeit kommt.

Kennzeichnend für das politische System der USA ist ferner eine ausgeprägte **föderalistische Komponente**. In den Bundesstaaten besteht ein ähnliches politisches System wie auf Bundesebene: die zentralen Elemente sind der direkt gewählte Gouverneur (Exekutive), der Kongress des Bundesstaates (Legislative) sowie ein Staatsgerichtshof. Weite Bereiche der amerikanischen Innenpolitik regeln die Staaten eigenverantwortlich, wie z. B. die Bildung, Polizei oder eigene Steuern. Dieses **bundesstaatliche Prinzip** wird durch eine hohe Autonomie der Städte und Gemeinden ergänzt, sodass viele Angelegenheiten vor Ort eigenständig erledigt werden. Insgesamt gilt der Grundsatz, dass Bundesrecht dem Staatenrecht vorgeht. Die sieben eigentlichen Artikel der Verfassung regeln Folgendes:

- Art. 1: Aufgaben, Struktur der Legislative,
- Art. 2: Aufgaben, Struktur der Exekutive,
- Art. 3: Aufgaben und Rechte der Judikative,
- Art. 4: Aufgaben und Stellung der Bundesstaaten,
- Art. 5: Verfahren der Verfassungsänderung,
- Art. 6: Staatsschulden, Gültigkeit der Verfassung,
- Art. 7: Ratifikation der Verfassung.

Die wichtigsten Institutionen

Der Präsident

Der US-Präsident gilt als der mächtigste Mann der Welt. Er vereinigt drei zentrale Staatsfunktionen in sich: er ist **Staatsoberhaupt**, **Regierungschef** und **Oberbefehlshaber** der US-Streitkräfte. Somit ist seine Position innerhalb des amerikanischen politischen Systems herausgehoben und stärker als z. B. die des deutschen Bundeskanzlers. Gäbe es nicht eine zeitliche Begrenzung der Amtsdauer auf vier Jahre, verbunden mit der Möglichkeit der einmaligen Wiederwahl, könnte man im Ansatz von einem demokratisch legitimierten Herrscher auf Zeit sprechen.

Die Wahl des Präsidenten erfolgt durch das Volk praktisch direkt, formal jedoch indirekt. Alle vier Jahre am ersten November-Dienstag bestimmen die US-Bürger 538 **Wahlmänner** – der Anteil der einzelnen Bundesstaaten ist abhängig von der Bevölkerungszahl. Der Präsidentschaftskandidat, der in einem Staat die meisten Stimmen auf sich vereinigt, gewinnt alle Wahlmännerstimmen dieses Staates. Dabei kann es vorkommen, dass ein Kandidat prozentual mehr Wahlmännerstimmen erhält, als ihm nach dem Wählervotum zustehen. Die Entscheidung nach dem Mehrheitsprinzip kann sehr knapp ausfallen, wie die Problematik der Stimmenauszählung im Bundesstaat Florida nach der Präsidentenwahl im November 2000 deutlich gezeigt hat. Im Dezember bestimmen diese Wahlmänner in einem Wahlgang formal den Präsidenten, der am 20. Januar in sein Amt eingeführt wird. Einmal gewählt, kann der Präsident praktisch nicht gestürzt werden, weder durch ein Misstrauensvotum des Parlaments, noch durch das Volk. Nur bei einem begründeten Verdacht auf Landesverrat oder Verbrechen kann der Kongress ein Amtsenthebungsverfahren, das **Impeachment**, einleiten. Dies geschah bisher zweimal – zuletzt gegen Präsident Clinton – jeweils ohne Erfolg. Scheidet ein Präsident vorzeitig aus seinem Amt, übernimmt sein Vizepräsident die Regierungsgewalt bis zum Ende der Amtsperiode.

Der lange Weg zur Präsidentschaft in den USA

Voraussetzungen für Kandidaten	Mindestalter 35 Jahre; seit 14 Jahren wohnhaft in den USA, seit der Geburt US-Staatsbürger.
Registrierung als Kandidat	in allen Bundesstaaten erforderlich; Vorgang sehr unterschiedlich: zuweilen genügt Zahlung einer Gebühr, woanders Zehntausende von Unterschriften oder auch Zahlung von Zehntausenden von US-$.
Registrierung als Wähler	keine Meldepflicht in den USA; wer wählen will, muss sich bei den Behörden melden und anzeigen, für welche große Partei er sich registrieren lassen will (wichtig für Vorwahlen).
Vorwahlen **(primaries)**	im 1. Halbjahr vor den eigentlichen Wahlen; Wähler, die sich haben registrieren lassen, entscheiden, für welchen der Parteikandidaten sie sind; der Gewinner erhält alle Parteistimmen eines Bundesstaats.
Spätsommer des Wahljahres	**„National Convention"**: Parteitage der großen Parteien bestimmen Präsidentschaftskandidaten: eher Formsache, da durch die primaries Mehrheitsverhältnisse feststehen; Parteitag somit große Werbeveranstaltung.
Finanzierung des Wahlkampfs	2008 dürften die Aufwendungen mehr als 1 Milliarde US-$ betragen; Spendenbeschaffung ist sehr wichtig; formal nur 2 300 US-$/Person erlaubt.
Dienstag nach dem ersten Montag im November	Wahlbürger der USA stimmen über Präsidentschaftskandidaten ab; formal: Bestimmung von 538 Wahlmännern **(Electoral College)**; Siegerkandidat in einem Bundesstaat erhält alle Wahlmännerstimmen eines Staates („winner takes all").
Dritter Montag im Dezember	Electoral College versammelt sich in Washington zur (schon feststehenden) Wahl des Präsidenten; Zahl der Wahlmänner pro Staat identisch mit der Zahl der Kongress-Mitglieder (2 Senatoren und die Abgeordneten des Repräsentantenhauses des jeweiligen Staates); Kandidat muss wenigstens 270 Wahlmännerstimmen erhalten; bei einem Gleichstand von 269 entscheidet das Repräsentantenhaus.
Januar des Folgejahres	Amtseinführung und Vereidigung des neuen Präsidenten

Eine dominante Stellung übt der Präsident in der Außen- und Verteidigungspolitik aus; nur bei Kriegseinsätzen bestimmt der Kongress mit. In der Innenpolitik muss sich der Präsident seine Funktionen mit den Bundesstaaten und dem Kongress teilen und in Konfliktfällen seine Entscheidungen mit diesen Beteiligten abstimmen.

Die herausgehobene Position des Präsidenten unterstreicht auch seine Rolle innerhalb der Regierung. Er ist – verglichen mit Deutschland – „Bundespräsident" und „Kanzler" in einer Person. Die Regierungsmitglieder, in Europa „Minister" genannt, heißen „Sekretäre" **(„secretary")** und sind nur dem Präsidenten verantwortlich. Eine Parlamentsmitgliedschaft des Präsidenten und seiner Regierungsmitglieder ist strengstens untersagt. Dies unterstreicht die Trennung von Exekutive und Legislative in den USA. Während europäische

Regierungschefs ständig im Parlament anwesend sind und an Aussprachen teilnehmen, tritt der US-Präsident nur einmal im Jahr vor den Kongress, wenn er seinen Bericht zur Lage der Nation, die „State of the Union Message", vorlegt.

Der Kongress

Die Legislative besteht aus einem **2-Kammer-Parlament:** dem **Senat** und dem **Repräsentantenhaus**, die gemeinsam den Kongress bilden. Der Senat gilt als das einflussreichere Element. Eine Grund ist der Wahlmodus: Die US-Senatoren – insgesamt 100, jeweils zwei pro Bundesstaat – werden auf sechs Jahre gewählt, alle zwei Jahre steht ein Drittel der Senatorenposten zur Wahl. Dadurch erlangt die Senatsarbeit eine große Kontinuität, es gibt keinen Anfang oder kein Ende einer Legislaturperiode, insofern ist der Senat dem deutschen Bundesrat vergleichbar.

Das Repräsentantenhaus wird alle zwei Jahre neu gewählt, wobei alle Wahlen Anfang November stattfinden. Der erste Dienstag des Novembers 2000 war solch ein „Superwahltag": Gewählt wurden der Präsident bzw. die Wahlmänner, die 435 Mitglieder des Repräsentantenhauses (in den 435 Wahlkreisen, vergleichbar der Erststimme bei Bundestagswahlen), ein Drittel der Senatsmitglieder und auch zahlreiche Gouverneure der Bundesstaaten. Die kurze **Legislaturperiode** von nur zwei Jahren begrenzt die Kontinuität der Parlamentsarbeit. Ein auf sechs Jahre gewählter Senator erlangt mehr Einfluss als ein Abgeordneter, der sein Amt unter Umständen nur zwei Jahre bekleidet.

Die Trennung zwischen Legislative und Exekutive in den USA hat eine andere Arbeitsweise des Parlaments zur Folge. Ohne Rücksicht auf die Parteizugehörigkeit der Abgeordneten verstehen sich beide Parlamentskammern als unabhängig und gleichgewichtig gegenüber der Exekutive. Selbst wenn die Abgeordneten beider Häuser des Kongresses mehrheitlich derselben Partei wie der Präsident angehören, muss der Präsident darum kämpfen, bestimmte Anliegen im Kongress durchzusetzen.

Anders als viele europäische Volksvertretungen verstehen sich Senat und Repräsentantenhaus als Arbeitsparlamente. Dies hat zur Folge, dass dem Kongress ein großer Stab von qualifizierten Mitarbeitern, einschließlich einer der bedeutendsten Bibliotheken der Welt, zur Verfügung steht. Dies wiederum ermöglicht es ihm, unabhängig von der Regierungsbürokratie in seinen Fachausschüssen alle Angelegenheiten intensiv zu beraten. Hier liegt eine weitere Ursache für die Macht des US-Kongresses. Ausschussarbeit, Gesetzgebung, Haushaltsrecht und Anhörungen bilden die Eckpfeiler der Kongressarbeit. Plenarsitzungen hingegen gelten als weniger bedeutsam.

Das Oberste Gericht

Das Oberste Gericht der USA, der **Supreme Court**, verkörpert wie kaum ein anderes Gericht die Unabhängigkeit der Judikative gegenüber den beiden anderen Gewalten. Es diente für die Konstruktion und die Kompetenzen des Bundesverfassungsgerichts als Vorbild.

Der Supreme Court besteht aus neun auf Lebenszeit bestimmten Richtern. Der Präsident ernennt sie auf Anraten und mit Zustimmung des Senats. Der Supreme Court hat **vier wichtige Aufgaben bzw. Funktionen:**

- Er versteht sich als **Hüter oder Interpret der Verfassung:** Aufgrund konkreter Fälle beschäftigt sich der Gerichtshof immer wieder auch mit der konkreten Auslegung von Verfassungsbestimmungen. Die hierbei entwickelten Leitsätze interpretieren die Verfassung verbindlich, entwickeln sie weiter, ohne dass die Verfassung in ihrem Wortlaut verändert werden müsste.
- Als weitere Aufgabe steht dem Gericht das Recht der **Normenkontrolle** zu. Es kann überprüfen, ob vom Kongress beschlossene Gesetze der Verfassung entsprechen. Ist dies nicht der Fall, werden diese ungültig.
- Außerdem entscheidet das Gericht **Streitigkeiten** zwischen Bundesorganen, zwischen der Union und Einzelstaaten sowie zwischen Einzelstaaten.
- Schließlich versteht sich der Supreme Court als **Hüter der Grundrechte**. Jedem Bürger steht das Recht zu, Verfassungsbeschwerde beim Obersten Gericht einzulegen, wenn er sich in seinen Grundrechten durch die Staatsorgane verletzt fühlt.

Politische Parteien

Die Funktionen und Strukturen der amerikanischen Parteien unterscheiden sich deutlich von europäischen Sichtweisen. Wie in Großbritannien bestehen nur zwei wesentliche Parteien, die **Republikaner** und die **Demokraten**. Die Unterschiede beginnen aber schon bei der Programmatik: Während man z. B. die britische Labour-Party politisch links und die Konservativen rechts einordnet, ist dies bei den beiden US-Parteien nicht möglich. Es gibt konservative Demokraten, liberale Republikaner und große Unterschiede zwischen den Regionen der USA. Jedoch fehlt auch dort eine klare programmatische Zuordnung. Die Ursache hierfür liegt vor allem darin, dass den meisten US-Amerikanern eine ideologische Ausrichtung fremd ist. Ihr politisches und wirtschaftliches System wird durchweg als richtig und gut akzeptiert. Man unterscheidet sich nur in Einzelfragen. Auch eine soziologische Orientierung der Parteien fehlt. Grundsätzlich sind die beiden großen Parteien für alle Schichten und Gruppen des Volkes offen.

Demzufolge besteht die Hauptaufgabe der Parteien darin, Personen für politische Ämter zu rekrutieren und diese in **Wahlkämpfen** zu unterstützen. Wahlen zum Präsidenten, zum Senat und Repräsentantenhaus sowie für die Gouverneure und Staatenparlamente beschäftigen die Parteien z. T. über einen langen Zeitraum. Es gilt dann, Gelder für den Wahlkampf zu beschaffen, Sponsoren zu finden, den Wahlkampf zu organisieren und durchzuführen. Dies alles geschieht im Rahmen einer sehr **lockeren Parteiorganisation**. Parteiinterne Auseinandersetzungen um Parteiämter gibt es folglich kaum, da diese eigentlich keine wesentliche Rolle spielen. Parteitage, wie z. B. für die Nominierung von Präsidentschaftskandidaten, geraten folglich zu einer riesigen Show, um die Vorzüge des betreffenden Kandidaten medienwirksam zu inszenieren und zu präsentieren.

Im Kontext der Parteien spielen die Vorwahlen, die sogenannten **Primaries**, eine bedeutende Rolle. Dabei geht es um die Auswahl von Kandidaten für politische Ämter, z. B. für das Präsidentenamt. In Deutschland erfolgt eine solche Auswahl üblicherweise durch die Parteien und deren Parteitage, also durch eine kleine Gruppe aktiver Parteimitglieder. In den USA hingegen werden die Kandidaten von einem deutlich größeren Kreis bestimmt. Möchte jemand z. B. Präsidentschaftskandidat der Republikaner werden, so finden vor der eigentlichen Nominierung durch die Gesamtpartei in vielen Bundesstaaten Vorwahlen statt, die von der republikanischen Partei organisiert werden. Hieran können alle Wahlbürger teilnehmen, die entweder formal Mitglied der Republikaner sind oder mit ihnen sympathisieren. Auf diese Weise sind die Primaries fast Plebiszite über einen Kandidaten, dessen Ziel es ist, auf diesem Wege möglichst viele „Bundesstaaten“ auf seine Seite zu ziehen. Somit ist der eigentliche Nominierungsparteitag eher eine Formsache. Kritische Beobachter sehen in diesem System einen Schritt weg von der Herrschaft der oberen Parteigremien in Richtung demokratischer Mitbestimmung vieler Bürger, andererseits können aber nur sehr reiche Kandidaten oder solche, die viele Gelder mobilisieren, eine derartige Kampagne durchhalten.

Nach den Wahlen spielen die Parteien als solche nur noch eine geringe Rolle. Der Präsident und die Parlamentarier repräsentieren dann Republikaner und Demokraten. Diese finden sich auch zu Gruppierungen im Senat und Repräsentantenhaus zusammen. Dies geschieht jedoch eher lose und gelangt nicht zu einer – europäisch verstandenen – Fraktionsdisziplin.

Der politische Entscheidungsprozess

Der politische Entscheidungsprozess kennt ähnliche Vorgänge und Aspekte wie in Deutschland. Hierzu zählen z. B. die Rolle der Massenmedien, der Interessenverbände sowie der Einzelstaaten und Kommunen, die alle versuchen, über verschiedene Wege ihre Interessen und Ansichten durchzusetzen. Andererseits gibt es deutliche Unterschiede. Beispielsweise spielen die Parteien als solche nur eine geringe Rolle. Wichtiger sind dagegen einzelne Abgeordnete oder Gruppen von Parlamentariern. Der Präsident, als Chef der Exekutive, darf dem Kongress keine Gesetzesvorschläge zuleiten. Dies kann er nur über befreundete Parlamentarier, die dies als eigenen Antrag vorbringen. In diesem Punkt wird die starke und unabhängige Rolle des Kongresses bei der Gesetzgebung deutlich. Hinzu kommen die intensiven Beratungen in den Fachausschüssen, sodass der Präsident nicht sicher sein kann, wie der Kongress entscheidet. Ferner ist es notwendig, dass beide Kammern einem Gesetz zustimmen. Im Zentrum dieser Macht des Kongresses steht das Recht, über Steuern und den Haushalt zu entscheiden.

Bei allen Haushalts- und Gesetzesvorlagen hat der Präsident durch die Verfassung ein **„suspensives Veto“**. Das heißt, er kann Einspruch gegen ein Gesetz erheben; dieser Einspruch kann nur mit einer Zwei-Drittel-Mehrheit in beiden Häusern des Kongresses überstimmt werden. Bestehen Exekutive und Legislative auf ihren Positionen, kann dies zeitweilig die gesamte Politik der USA lähmen. Beispielsweise musste während der letzten Präsidentschaft Clintons fast die gesamte Administration in unbezahlten Zwangsurlaub geschickt werden, weil der Kongress sich weigerte, bestimmte Positionen des Präsidenten im Haushaltsbereich zu übernehmen und den Etat zunächst nicht verabschiedete. Um einen solchen „Regierungsstillstand“ zu vermeiden, kommt es immer wieder zu Treffen zwischen dem Präsidenten und wichtigen Repräsentanten des Kongresses aus beiden Parteien, um im Vorfeld von Entscheidungen einen Konsens zu ermöglichen. Dies gilt auch für die Besetzung wichtiger Positionen in der Regierung und im diplomatischen Dienst, wo der Senat ein Mitspracherecht bei Ernennungen hat.

Somit gibt es in den USA zwar eine **strikte Trennung von Legislative und Exekutive**, jedoch auch viele Formen der notwendigen Absprache und Koordination, um Blockaden und Stillstände der Regierungs- und Gesetzgebungsarbeit zu vermeiden.

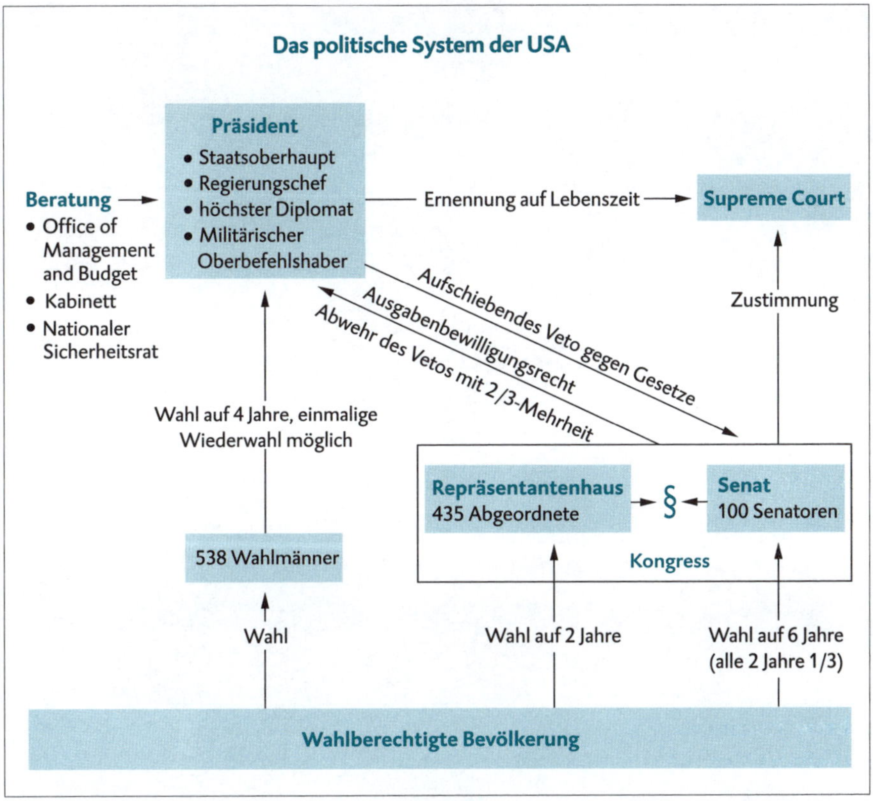
Das politische System der USA
Präsident
• Staatsoberhaupt
• Regierungschef
• höchster Diplomat
• Militärischer Oberbefehlshaber
Beratung
• Office of Management and Budget
• Kabinett
• Nationaler Sicherheitsrat
Ernennung auf Lebenszeit
Supreme Court
Zustimmung
Aufschiebendes Veto gegen Gesetze
Ausgabenbewilligungsrecht
Abwehr des Vetos mit 2/3-Mehrheit
Wahl auf 4 Jahre, einmalige Wiederwahl möglich
Repräsentantenhaus
435 Abgeordnete
§
Senat
100 Senatoren
Kongress
538 Wahlmänner
Wahl
Wahl auf 2 Jahre
Wahl auf 6 Jahre (alle 2 Jahre 1/3)
Wahlberechtigte Bevölkerung

Die „Volksdemokratie“ in der DDR

Historische Grundlagen

Dem Ende des Zweiten Weltkriegs folgte 1945 die Aufteilung Deutschlands in vier Besatzungszonen sowie die Abtretung der Gebiete östlich von Oder und Neiße an Polen und an die Sowjetunion. Die **sowjetische Besatzungszone (SBZ)** umfasste das Gebiet der heutigen Bundesländer Mecklenburg-Vorpommern, Brandenburg, Sachsen-Anhalt, Thüringen, Sachsen sowie die östliche Hälfte Berlins. Als sich ab 1946 der Ost-West-Konflikt allmählich zum **„Kalten Krieg“** vertiefte und die Trennungslinie zwischen beiden politischen Blöcken durch Deutschland verlief, orientierten sich die Westzonen und die sowjetische Zone zunehmend an den Führungsmächten der beiden Blöcke, den USA und der UdSSR, und übernahmen deren Wirtschafts-, Sozial- und politisches System. So erhielt die DDR nach ihrer Gründung am 7. 10. 1949 zunehmend ein sozialistisch-kommunistisches System.

In der DDR gab es **drei Verfassungen**, die jeweils auch die Entwicklung hin zum **Sowjetkommunismus** widerspiegelten. Die Verfassung von 1949 enthielt noch viele bürgerlich-demokratische Elemente. Sie reflektierte damit einerseits ein Übergangsstadium hin zur sozialistischen Gesellschaftsordnung und sollte andererseits auch für die Westzonen so attraktiv sein, dass eine Wiedervereinigung der vier Zonen unter „östlichen“ Vorzeichen möglich erschien. In den 50er- und 60er-Jahren wurde eine Wiedervereinigung unwahrscheinlich. Im Innern entwickelte sich die DDR in Richtung Sowjetkommunismus: **Verstaatlichung** der Industrie, **Kollektivierung** der Landwirtschaft, Umgestaltung zum **sozialistischen Bildungswesen**, Ausrichtung von allen Parteien und gesellschaftlichen Organisationen auf die SED als führende Partei; Einbindung der DDR in das Bündnis- und Wirtschaftssystem der Sowjetunion. Die Realität hatte sich also dramatisch von der Verfassungsnorm entfernt.

Die zweite Verfassung von 1968 vollzog diese Entwicklung konstitutionell nach und proklamierte eine **sozialistische Gesellschaftsordnung** unter der SED-Führung. Unter Staatschef Erich Honecker wurde im Rahmen einer Verfassungsnovelle 1974 die gesellschaftliche Ausgestaltung des Sozialismus konkretisiert. Die **politische Wende von 1989/90** und die **Wiederverei-**

nigung Deutschlands verliefen so schnell, dass keine neue Verfassung mehr ausgearbeitet wurde. Am 3. 10. 1990 wurde für das Gebiet der neuen Bundesländer das Grundgesetz der Bundesrepublik Deutschland übernommen.

Das politische System der DDR

Der Marxismus-Leninismus als ideologische Basis

Die Grundlage des politischen Systems der DDR wurde in Art. 1 der ab 1974 gültigen Verfassung eindeutig formuliert: „Die Deutsche Demokratische Republik ist ein sozialistischer Staat deutscher Nation. Sie ist die politische Organisation der Werktätigen in Stadt und Land, die gemeinsam unter Führung der Arbeiterklasse und ihrer marxistisch-leninistischen Partei den Sozialismus verwirklichen". Aus diesem zentralen Satz lassen sich alle wesentlichen Elemente der Staatlichkeit und des politischen Systems der DDR ableiten.

- **Sozialismus als Ziel:** Alles staatliche, wirtschaftliche Handeln sollte sich der Zielsetzung „Sozialismus" unterordnen. Unter diesem Begriff verstand man in der DDR ein Staatssystem, das auf den Lehren von Karl Marx und Wladimir I. Lenin beruhte, also letztlich das Modell der UdSSR auf deutsche Verhältnisse übertragen sollte. Elemente dieses Modells waren: Staatseigentum in der Wirtschaft, zentrale Planung der Wirtschaft, Vorherrschaft der kommunistischen Partei als derjenigen Kraft, die den Kommunismus verwirklicht und sich als Vertreterin der großen Masse des Volkes versteht und diese leitet.
- **Zweistaatlichkeit in Deutschland:** Die DDR ging von einer deutschen Nation aus, die sich jedoch in zwei Staaten manifestierte, wobei der sozialistischen DDR die Zukunft gehörte.
- **Gesellschaftsstruktur:** Während man für Westdeutschland von verschiedenen sich bekämpfenden Klassen ausging, gehörten in der DDR fast alle Menschen zu den Werktätigen, egal ob Arbeiter, Bauern, Lehrer oder Künstler. Die Arbeiter sollten jedoch die Führung des Staates übernehmen, während die anderen Gruppen mit ihnen verbündet waren.
- **SED als führende Partei:** Entsprechend den Lehren Lenins ist die große Masse der Arbeiter zunächst noch nicht in der Lage, einen Staat und seine Teile zu führen. Dies ist erst nach einer längeren Übergangszeit möglich, wenn alle ein sozialistisches Bewusstsein entwickelt haben und vor „Anfeindungen" seitens der **„Klassenfeinde"** (also hier besonders des kapitalistischen Westens) gefeit sind. Solange musste die Partei der Arbeiter, also

die SED, quasi treuhänderisch die Führung von Staat und Gesellschaft übernehmen. Hieraus resultierte die Rechtfertigung, ja die Notwendigkeit, dass die SED den Staat führte und andere Gruppierungen sich ihr anschlossen. Dies bedeutete nach Meinung der SED jedoch keine Diktatur, da objektiv, d. h. entsprechend den historischen Gegebenheiten, die Interessen der Werktätigen und der SED weitgehend identisch waren, weil z. B. der Gegensatz von Kapitalist als Ausbeuter und Arbeiter als Ausgebeutetem wegfiel, denn über das Staatseigentum gehörte den Arbeitern quasi schon alles. Strittig konnte also nur die Methode zur Erreichung eines als richtig vorgegebenen Ziels sein.

Die SED als führende Partei

Aufgrund der genannten Rolle der SED für den Staat stellte sich die Frage nach der inneren Organisation und der Willensbildung innerhalb der Partei. Hier galten folgende **leninistische Prinzipien:**

- Demokratischer Zentralismus,
- Territorialprinzip,
- Produktionsprinzip,
- kollektive Leitung und
- innerparteiliche Demokratie.

Die Abzeichen der Blockparteien

Unter **Demokratischem Zentralismus** verstand man in der DDR die straffe Führung aller gesellschaftlichen Organisationen, Parteien und Staatsorgane durch die jeweils höhere Ebene, sodass letztlich die Spitze der SED alles Wesentliche bestimmte. Zwar sollten die jeweils höheren Ebenen durch die unteren gewählt werden, jedoch verhinderte eine straff organisierte Personalauswahl, die sogenannte **„Kaderpolitik“**, jegliche von der Führung abweichende Meinung. Die „Wahlen“ hatten folglich den Charakter einer Bestätigung, einer Akklamation. Die ideologische Begründung für diesen Demokratischen Zentralismus lieferte aber die Annahme, dass die Arbeiterpartei und deren Führung die Interessen der großen Mehrheit der Werktätigen verkörperte. Dies bezeichnete die SED als wahrhaft demokratisch, verschleierte jedoch die Diktatur einer kleineren Minderheit.

Abzeichen der SED und der Massenorganisationen der DDR

Mit dem **Territorial- und Produktionsprinzip** beabsichtigte die SED gebietsmäßig mit dem Staatsaufbau sowie den größeren Betrieben identisch zu sein, um eine lückenlose Kontrolle auszuüben.

Die Leitungsebenen der SED sollten kollektiv geführt werden, um innerhalb der höchsten Parteikreise auch offene, ehrliche Diskussionen zu ermöglichen. Sicher geschah dies nur im Politbüro der SED als dem engsten Führungsorgan. Somit hatte das Prinzip der innerparteilichen Demokratie nur formalen Charakter. Entscheidungen der höchsten Organe wurden z. B. auf den alle fünf Jahre stattfindenden Parteitagen nur bestätigt, nie aber kontrovers diskutiert. Aufgrund der führenden Rolle der SED in der DDR hatte diese Partei in allen politischen, gesellschaftlichen und wirtschaftlichen Bereichen bestimmenden Einfluss auf die Besetzung der entsprechenden Positionen oder die Formulierung von Inhalten der Politik. Gewerkschaften, weitere gesellschaftliche Organisationen sowie die anderen politischen Parteien CDU, Nationaldemokraten (NDPD) und Liberaldemokraten (LDPD) waren letztlich so eng mit der SED verbunden, dass sie deren Willen respektieren und umsetzen mussten. Folglich waren auch die Staatsorgane der DDR Abbild des Willens der SED.

Die Staatsorgane als verlängerter Arm der SED

Vor dem Hintergrund der Lehre des Marxismus-Leninismus sind die zentralen Staatsorgane **Volkskammer**, **Ministerrat** und **Staatsrat** zu sehen. Auch das **Oberste Gericht** der DDR fügte sich in die Aufgabe, den Sozialismus, wie ihn die SED verstand, zu realisieren. Anders als in echten Demokratien mit Gewaltenteilung übernahmen hier die Staatsorgane die Aufgabe, an der Realisierung des Sozialismus mitzuwirken, und zwar unter Führung der SED.

Die Volkskammer

Die Volkskammer war das Parlament der DDR. Äußerlich unterschied sie sich zunächst wenig von anderen Parlamenten, da ebenfalls ein Präsidium, Fraktionen und Ausschüsse existierten, Abstimmungen nach Gesetzeslesungen erfolgten und die Regierung von der Volkskammer gewählt wurde. Trotzdem war die Volkskammer ein „**Scheinparlament**“. Abstimmungen erfolgten fast immer **einstimmig**. In sogenannten Debatten des Plenums herrschte praktisch immer Übereinstimmung mit den Regierungsvorlagen. Tagungen der Volkskammer erfolgten selten, weil es kaum Kontroversen gab und viele Bestimmungen durch den Minister- bzw. Staatsrat ergehen konnten. Dass sie ein Scheinparlament war, ergab sich schon aus dem DDR-Wahlsystem. Dies basierte auf dem System der **„Einheitsliste der Nationalen Front“**. Letztere bildete einen Zusammenschluss von fünf „Parteien“ und vier „Massenorganisationen“ unter Führung der SED. Schon vor jeder Wahl legte die Nationale Front fest, wie viele Abgeordnete jede dieser Gruppierungen in die Volkskammer entsendet. Der Wähler konnte am eigentlichen Wahltag diesem Vorschlag praktisch nur zustimmen. Andere Vorschläge waren nicht zugelassen. So gab es nach Wahlen immer fast 100 %-ige Mehrheiten für den Wahlvorschlag.

Da die Abgeordneten der Massenorganisationen praktisch ohne Ausnahme SED-Mitglieder waren, verfügte sie schon ohne die „verbündeten“ Parteien über weit mehr als die absolute Mehrheit. Im Sinne des Demokratischen Zentralismus wurden dann Entscheidungen in den Führungsgremien der SED getroffen. Die Abgeordneten vollzogen diese Festlegungen dann nur noch per **Akklamation** nach. Im Sinne des Leninismus waren sie Überträger, **„Transmissionsriemen“**, des Willens der SED gegenüber dem Volk. Allenfalls kleinere, lokale Angelegenheiten trugen sie in die Parlamentsgremien, um so einzelne Verbesserungen für ihren Wahlkreis zu erzielen.

Das Wahlsystem der DDR: nur Parteien der Nationalen Front

Der Ministerrat

Die DDR unterhielt aufgrund des verstaatlichten und zentralistischen Wirtschaftssystems einen tief gestaffelten Staatsapparat. An dessen Spitze stand der Ministerrat als Regierung der DDR. Im Gegensatz zur Bundesregierung unterhielt die DDR eine sehr viel größere Zahl an Ministerien, beispielsweise für jeden Industriezweig eines. Deshalb war es erforderlich, ein Präsidium des Ministerrates zu bilden, um in einem kleineren Gremium die Regierungsarbeit zu steuern. Verfassungsrechtlich war der Ministerrat ein Organ der Volkskammer, von ihr „gewählt“. Somit gab es in der DDR keine verfassungsrechtliche Trennung von Legislative und Exekutive, sondern eine Zusammenführung, um die Einheit von Volk, Partei, Volkskammer und Regierung zu dokumentieren. Die Spitzen der Ministerien und die meisten Ministerialmitarbeiter waren SED-Mitglieder, die wichtigsten Minister auch in den Führungsstäben der Partei. Somit gelang im Sinne des Demokratischen Zentralismus auch personell eine unmittelbare Umsetzung des Willens der SED auf der Ebene des Staatsapparates. Dieser reichte bis in die Betriebe und die Gemeinden, waren diese doch Teil des Staatsapparates und mussten Anweisungen der höheren Ebenen ausführen. Daher existierte auch keine kommunale Selbstverwaltung, was sich beispielsweise darin zeigte, dass die Haushalte der Gemeinden Teile des Staatshaushalts waren, dessen Vorgaben zentral aus der Führungsebene der SED stammten.

Der Staatsrat

Wie der Ministerrat galt auch der Staatsrat verfassungsrechtlich als Organ der Volkskammer, war jedoch allein schon durch die Tatsache viel bedeutender, dass die SED-Chefs Walter Ulbricht und Erich Honecker jeweils auch Staatsratsvorsitzende waren und die Einheit von SED und Staatsspitze wirkungsvoll verkörperten. Die Aufgaben des Staatsrates waren sehr vielfältig:

- **Repräsentationspflichten** eines Staatsoberhauptes,
- Ausschreibung von **Wahlen**,
- Initiativrecht bei der **Gesetzgebung**,
- **Überwachung** der Verfassung und deren Einhaltung,
- Beschlussfassung zu Fragen der **Verteidigung**,
- Kontrolle des **Verteidigungsrates**,
- **Beschlussfassung** über wichtige Fragen und Vorlagen zwischen den Tagungen der Volkskammer,
- Abschluss und Ratifikation über **Staatsverträge** und somit überwiegende Kompetenz in der Außenpolitik.

Wenn man bedenkt, dass die Spitzen der SED und der anderen Parteien im Staatsrat vertreten waren, bildete er nach der SED-Spitze das zentrale Machtorgan der DDR, weit vor dem Ministerrat.

Der politische Entscheidungsprozess

In parlamentarischen und präsidentiellen Demokratien existieren zahlreiche Faktoren, die überwiegend autonom politischen Willen entwickeln: Parteien, Interessenverbände, Massenmedien, häufig föderalistische Strukturen, Kommunen und die Organe der drei Gewalten. Hinzu kommen autonome Prozesse in der Wirtschaft. Politische Entscheidungen entstehen dann in einem Prozess der wechselseitigen Beeinflussung, der Gewichte und Gegengewichte.

In der DDR existierte dies alles in Theorie und Praxis nicht. Nur die evangelische und katholische Kirche ließen sich in dieses System nicht einbinden. Alle anderen genannten Organe, Verbände, Gewalten funktionierten als Vollstrecker, Verkünder des Willens der staatstragenden Partei SED. Im Sinne der Einheitlichkeit der Interessen des Volkes galt sie als Verkörperung des Volkswillens und hatte den – verfassungsmäßigen – Auftrag zur Führung des Landes. Da die Führungskräfte der SED folglich dazu berufen waren, das Land zu steuern, lag das eigentliche Machtzentrum beim **Politbüro** der SED. Schon das ca. 200 Personen umfassende Zentralkomitee diskutierte wenig und vollzog die Entscheidungen des Politbüros nach. Auch das umfassende **Sicherheits- und Spitzelsystem** in der DDR verhinderte, dass sich unabhängige Strukturen und Meinungen entwickelten.

Die Volkskammer – hier bei der Ratifizierung des Freundschaftsvertrages zwischen der DDR und Bulgarien am 7. September 1967 – stellte im politischen System der DDR keine eigenständige Legislative dar, sondern trug bis 1989 als eine Art Scheinparlament weitgehend zur Umsetzung der SED-Politik bei.

Es bedurfte letztlich des Anstoßes der **Reformpolitik in der UdSSR** unter Gorbatschow ab 1985, um dieses verkrustete System von innen aufzubrechen und einstürzen zu lassen. Besonders im Herbst 1989 gelang es der Bevölkerung, durch zahlreiche Demonstrationen, Parteineugründungen, Reformbestrebungen das alte System zu überwinden. Der Fall der Berliner Mauer am 9. 11. 1989 und die Wiedervereinigung bildeten den Abschluss der friedlichen Revolution.

Gegenüberstellung von wesentlichen Elementen der parlamentarischen Demokratie und der „Volksdemokratie“ in der DDR

	parlamentarische Demokratie	Volksdemokratie
geistige/ideologische Grundlagen	humanistische, liberale, soziale konservative und christliche Ideale (Pluralismus = Vielfalt)	kommunistische Ideologie
Menschenrechte	Sicherung und Entfaltung von Menschenrechten (vgl. Art. 1–19 GG)	Gewährleistung von Menschenrechten im engen Rahmen der Ideologie
Parteien	Vielfalt, Kampf gegen extremistische verfassungsfeindliche Parteien	Herrschaftsmonopol der SED; andere Parteien deren Anhängsel
Staatsorgane	Gewaltenteilung und gegenseitige Kontrolle	Gewaltenverschränkung unter Führung der Spitze der SED
Medien	Vielfalt im Rahmen der pluralistischen Verfassung	Meinungsmonopol der SED; strenge Kontrolle aller Medien
Konflikte	offene, friedliche Auseinandersetzung	Unterdrückung von Konflikten
Wirtschaft	Staat setzt Rahmen für freie Entfaltung	Staat steuert Wirtschaft fast total
Justiz	Rechtsstaatlichkeit, Unabhängigkeit der Justiz von der Regierung	Justiz „Erfüllungsgehilfe“ des Willens der SED; keine Unabhängigkeit

Literatur

Alemann, U. v.: Organisierte Interessen in der Bundesrepublik Deutschland. Opladen 1989

Alemann, U. v.: Parteien und Gesellschaft in der Bundesrepublik. In: H. Oberreuter (Hrsg.): Parteien in der Bundesrepublik Deutschland. Bonn 1990

Andersen, U.: Handwörterbuch des politischen Systems der Bundesrepublik Deutschland. Opladen 2003

Apel, H.: Die deformierte Demokratie. Parteienherrschaft in Deutschland. Stuttgart 1991

Arnim, H. H. v.: Die Partei, der Abgeordnete und das Geld. Mainz 1991

Bademer, S., Wewer, G. (Hrsg.): Regierungssystem und Regierungslehre. Opladen 1989

Beyme, K. v.: Interessengruppen in der Demokratie. München 1980

Beyme, K. v.: Die parlamentarische Demokratie. Entstehung und Funktionsweise 1789–1999. Opladen [3]1999

Beyme, K. v.: Das politische System der Bundesrepublik Deutschland. Wiesbaden [10]2004

Beyme, K. v.: Schmidt, M. G. (Hrsg.): Politik in der Bundesrepublik Deutschland. Opladen 1990

Blondel, J.: Comparative Government: An Introduction. London 1995

DDR-Handbuch. Hrsg.: Bundesministerium für Innerdeutsche Beziehungen. Köln 1985

Ellwein, Th., Hesse, J. J.: Das Regierungssystem der Bundesrepublik Deutschland. Baden-Baden [10]2012

Fraenkel, E.: Das amerikanische Regierungssystem. Köln [4]1981

Fraenkel, E.: Deutschland und die westlichen Demokratien. Frankfurt 1991

Gabriel, O. (Hrsg.): Parteiendemokratie in Deutschland. Köln [2]2002

Gerlach, I.: Bundesrepublik Deutschland. Entwicklung, Strukturen und Akteure des politischen Systems. Wiesbaden [3]2010

Hättich, M.: Demokratie als Herrschaftsordnung. Opladen 1967

Hartwich, H.-H., Wewer, G. (Hrsg.): Regieren in der Bundesrepublik. Opladen 1990 ff.

Hesse, K.: Grundzüge des Verfassungsrechts der Bundesrepublik Deutschland. Heidelberg [20]1999

Hübner, E.: Parlament und Regierung in der Bundesrepublik Deutschland. München [2]2000

Jesse, E.: Repräsentative Demokratie. Melle 1995

Jesse, E.: Die Demokratie in der Bundesrepublik Deutschland. Berlin 1997

Korte, K.-R.: Wahlen in der Bundesrepublik Deutschland. Bonn 2010

Korte, K.-R.: Das politische System in der Bundesrepublik Deutschland. In: Mols, M. u. a.: Politikwissenschaft. Paderborn [5]2006

Laufer, H.: Das föderative System der Bundesrepublik Deutschland. Opladen 1998

Pötzsch, H.: Die deutsche Demokratie. Bonn [5]2009

Rudzio, W.: Das politische System der Bundesrepublik Deutschland. Wiesbaden [8]2010

Sontheimer, K., u. a.: Grundzüge des politischen Systems der Bundesrepublik Deutschland. München 2007

Woyke, W.: Stichwort Wahlen. Opladen [11]2005

Zippelius, R.: Allgemeine Staatslehre. München [15]2007

Stichwortverzeichnis

Abgeordnete 32 ff., 38 f.
Ältestenrat 36
Ämterhäufung 60
Ämterrotation 3
Aristokratie 1
Außerparlament. Bewegungen 7

Bill of Rights 12
Blockadepolitik 41
Bündnis '90/Die Grünen 56 f., 59
Bürgerantrag 4, 52
Bürgerbegehren 4, 30, 52
Bürgerentscheid 5, 30, 52
Bürgerinitiativen 5, 7, 52 f.
Bürgerrechte 28 f.
Bundeskanzler 36 f., 43 ff.
Bundesländer 39 ff.
Bundespräsident 45 ff.
Bundesregierung 42 ff.
Bundesrat 39 ff., 76 f.
Bundesstaat 1, 29, 40
Bundestag 32 ff.
Bundesverfassungsgericht 47 ff.
Bundesversammlung 37, 46

CDU/CSU 41, 54, 56 f., 59, 61, 80
Checks and Balances 8, 10

DDR 8, 24, 95 ff.
Demokraten (Partei) 90
Demokratischer Zentralismus 97
Despotie 1
Diäten 34
Die Linke 58
Diktatur 1, 56
Direkte Demokratie 2 ff., 9
Direktwahl 21
Drei-Klassen-Wahlrecht 19

Einheitsliste 8, 99
Einspruchsgesetze 77
Ermächtigungsgesetz 23
Erststimme 32 f.
EU-Gesetzgebung 80 ff.
EU-Institutionen 80 ff.
Exekutive 2, 7 f., 17, 26, 29, 31, 42, 75, 81 f.
Extremistische Parteien 7, 25 f., 55, 57 f.

FDP 56, 59
Föderalismus 29, 40 ff., 80, 86
-reform 37, 41 f.
Fraktion 34 f.
Franz. Revolution 13 f., 16 f.
Freies Mandat 6, 33
Freiheitlich-demokratische Grundordnung 25, 55

Gesetzgebung (des Bundes) 37, 41, 75 ff.
Gewaltenteilung 2 f., 6 ff., 17, 29, 37, 55, 75, 86
Gewaltenverschränkung 42
Grundgesetz 25 ff.
Grundrechte 17 f., 21 f., 25 ff.

House of Commons 12
House of Lords 12

Identität von Regierenden und Regierten 2
Immunität 12, 33 f.
Imperatives Mandat 3
Indemnität 34
Interessenverbände 6, 50, 63 ff., 67, 73, 75, 75, 77 f., 81

Judikative 2, 6 f., 17, 26, 29, 31, 81

Kanzlerdemokratie 36, 43
Koalition 43 f.
Kommunale Selbstverwaltung 11, 30
Kommunistische Partei 7 f., 22 f., 55 ff., 95 ff.
Konservatismus 15 f., 56 f.
Konstrukt. Misstrauensvotum 36
Kontrolle der Regierung 7, 37 f.
Kritik an der parlamentarischen Demokratie 6 f., 38 f., 61 f.,
Kumulieren 30

Legislative 2, 7 f., 17, 26, 29, 31, 40, 75 ff., 81 f.
Lesung (von Gesetzen) 76 ff., 82
Liberalismus 15, 56

Magistrat 10
Magna Charta Libertatum 12
Massenmedien 6, 41, 50, 54, 65, 68 ff., 73, 78, 81
Massenorganisationen 99
Mehrheitswahl 32
Menschenrechte 17, 26, 28, 55, 64
Ministerrat 82, 98, 100

Nationale Front 99
Nationalismus 15, 56
Nationalsozialismus 14
Nationalversammlung 17 f., 21
Normenkontrolle 49, 90

Oberhaus (engl.) 12
Öffentlich-rechtliche Rundfunkanstalten 69 f.
Oligarchie 1, 60
Organstreitigkeiten 49

Panaschieren 30
Parlamentarische Demokratie 2, 5 f.
Parlamentarischer Rat 24, 45 f.
Partei 53 ff.
-enfinanzierung 58 f.
-enkritik 61 f.
-herrschaft 2
-programme 53 f.
Paulskirche 17 ff.
PDS 58 f.
Personalisiertes Verhältniswahlrecht 32
Piratenpartei 58
Plebiszitäre Demokratie 2 ff.
Plutokratie 2
Polis 9
Politikverdrossenheit 52
Politische Willensbildung 45, 50, 53 f., 60, 78 ff.
Präsidentielle Demokratie 7 f., 85 ff.
Präsidialkabinett 22
Preußische Reformen 16

Rechtsverordnungen 73 f.
Referendum 5
Regierungsbildung 36
Reichspräsident 21 ff., 45

Reichsrat 22
Reichstag 19 ff.
Reichsverfassung 17, 21 f, 25
Relative Mehrheitswahl 32
Repräsentative Demokratie 5 ff.
Republikaner 58, 90 f.
Revolution von 1848 17 ff.
Richterrecht 26
Richtlinienkompetenz 44
Römische Republik 10

Saint-Laguë/Schepers 32 f.
SBZ 23 f., 95
Senat 10, 47, 89 ff.
SED 8, 55, 58, 95 ff.
SPD 23, 41, 54, 56 f., 59, 60 f., 66, 77 f., 80
Sperrklausel 21, 32, 57
Sozialismus 15, 56 f., 95 f., 98
Staatsrat 98 ff.
Subsidiarität 30
Supreme Court 90

Theokratie 2
Tyrannei 1

Überhangmandate 33
Unabhängigkeitserklärung 85 f.
Untersuchungsausschuss 35, 38
Urwahl 3
US-Kongress 87 ff., 92
US-Präsident 87 ff.
US-Repräsentantenhaus 88 f., 91
US-Senat 89 ff.

Verbandseinfluss 64 ff.
Vereine 50, 63 ff.
Vereinsgesetz 64
Verfassungsbeschwerde 48, 90
Verfügungen 74
Verhältniswahlrecht 21, 32
Vermittlungsausschuss 35, 37, 40, 77
Vetorecht 10, 20, 92
Volksbegehren 5, 21
Volksdemokratie 8
Volksentscheid 21, 52
Volkskammer 98 ff.
Volksversammlung 10
volonté de tous 2, 6
volonté générale 2

Wahlbeteiligung 52
Wahlrecht 18 f., 21 f., 27, 32
Wahlgrundsätze 6, 32
WASG 58
Weimarer Republik 21 ff.
Weimarer Reichsverfassung 21 f.
Wiedervereinigung 24, 95 f., 102

Zustimmungsgesetz 77
Zweitstimme 32 f., 5

Bildnachweis

Titel: Ulrich Winkler
S. 4: picture-alliance / dpa
S. 9: bpk / Scala
S. 11: bpk / Museo Pio Clementino, Musei Vaticani (re.)
S. 13: Deutsches Historisches Museum, Berlin
S. 18: Historisches Museum Frankfurt am Main
S. 21: Hessisches Landesmuseum, Darmstadt
S. 23: ullstein bild – AKG Pressebild
S. 25: bpk (o.); picture-alliance / akg-images (u.)
S. 42: Bundesarchiv B 145 Bild-F078072-0004; ullstein bild – dpa; ullstein bild – BPA; Bundesarchiv B 145 Bild-F057884-0009 (von links nach rechts)
S. 43: jeweils ullstein bild: Sven Simon; Adolf Würth GmbH & Co. KG; Vario-Press; Boness / IPON (von links nach rechts)
S. 51: ullstein bild – Karwas
S. 52: Jupp Wolter (Künstler), Haus der Geschichte, Bonn
S. 61: Felix Mussil / CCC, www.c5.net
S. 62: Walter Hanel / CCC, www.c5.net
S. 63: Sammlung Karl Stehle, München
S. 85: bpk / Hermann Buresch
S. 97 f.: Aus: Informationen zur politischen Bildung Heft 231: Geschichte der DDR. München, 1991, S. 25
S. 101: Deutsches Historisches Museum, Berlin

Wir danken allen Rechteinhabern für die Abdruckerlaubnis.
Der Verlag war bemüht, die Urheber der abgedruckten Bilder ausfindig zu machen. Wo dies nicht gelungen ist, bitten wir diese, sich ggf. an den Verlag zu wenden.

Ihre Meinung ist uns wichtig!

Ihre Anregungen sind uns immer willkommen. Bitte informieren Sie uns mit diesem Schein über Ihre Verbesserungsvorschläge!

Titel-Nr.	Seite	Vorschlag

Lernen • Wissen • Zukunft
STARK

Bitte hier abtrennen

Zutreffendes bitte ankreuzen!

Die Absenderin/der Absender ist:

- ☐ Lehrer/in in den Klassenstufen: ____
- ☐ Fachbetreuer/in
  Fächer: ____
- ☐ Seminarlehrer/in
  Fächer: ____
- ☐ Regierungsfachberater/in
  Fächer: ____
- ☐ Oberstufenbetreuer/in
- ☐ Schulleiter/in
- ☐ Referendar/in, Termin 2. Staatsexamen: ____
- ☐ Leiter/in Lehrerbibliothek
- ☐ Leiter/in Schülerbibliothek
- ☐ Sekretariat
- ☐ Eltern
- ☐ Schüler/in, Klasse: ____
- ☐ Sonstiges: ____

Unterrichtsfächer: (Bei Lehrkräften!)

____

STARK Verlag
Postfach 1852
85318 Freising

22-V1T_GW
Bitte ausfüllen und im frankierten Umschlag an uns einsenden. Für Fensterkuverts geeignet.

Kennen Sie Ihre Kundennummer?
Bitte hier eintragen.

Absender (Bitte in Druckbuchstaben!)

Name/Vorname

Straße/Nr.

PLZ/Ort/Ortsteil

Telefon privat

Geburtsjahr

E-Mail

Schule/Schulstempel (Bitte immer angeben!)

Bitte hier abtrennen

Sicher durch das Abitur!

Effektive Abitur-Vorbereitung für Schülerinnen und Schüler:
Klare Fakten, systematische Methoden, prägnante Beispiele sowie Übungsaufgaben auf Abiturniveau mit erklärenden Lösungen zur Selbstkontrolle.

Deutsch

Dramen analysieren und interpretieren	Best.-Nr. 944092
Erörtern und Sachtexte analysieren	Best.-Nr. 944094
Gedichte analysieren und interpretieren	Best.-Nr. 944091
Epische Texte analysieren und interpretieren	Best.-Nr. 944093
Abitur-Wissen Erörtern und Sachtexte analysieren	Best.-Nr. 944064
Abitur-Wissen Textinterpretation Lyrik · Drama · Epik	Best.-Nr. 944061
Abitur-Wissen Deutsche Literaturgeschichte	Best.-Nr. 94405
Abitur-Wissen Prüfungswissen Oberstufe	Best.-Nr. 94400
Kompakt-Wissen Rechtschreibung	Best.-Nr. 944065
Kompakt-Wissen Literaturgeschichte	Best.-Nr. 944066
Grundwissen Epochen der deutschen Literatur im Überblick	Best.-Nr. 104401
Klausuren Deutsch Oberstufe	Best.-Nr. 104011

Englisch

Übersetzung	Best.-Nr. 82454
Grammatikübungen	Best.-Nr. 82452
Themenwortschatz	Best.-Nr. 82451
Grundlagen, Arbeitstechniken, Methoden mit Audio-CD	Best.-Nr. 944601
Sprachmittlung	Best.-Nr. 94469
Sprechfertigkeit mit Audio-CD	Best.-Nr. 94467
Klausuren Englisch Oberstufe	Best.-Nr. 905113
Abitur-Wissen Landeskunde Großbritannien	Best.-Nr. 94461
Abitur-Wissen Landeskunde USA	Best.-Nr. 94463
Abitur-Wissen Englische Literaturgeschichte	Best.-Nr. 94465
Kompakt-Wissen Abitur Themenwortschatz	Best.-Nr. 90462
Kompakt-Wissen Abitur Landeskunde/Literatur	Best.-Nr. 90463
Kompakt-Wissen Kurzgrammatik	Best.-Nr. 90461
Kompakt-Wissen Grundwortschatz	Best.-Nr. 90464

Französisch

Sprachmittlung · Übersetzung	Best.-Nr. 94512
Themenwortschatz	Best.-Nr. 94503
Textarbeit Oberstufe	Best.-Nr. 94504
Klausuren Französisch Oberstufe mit MP3-CD	Best.-Nr. 105011
Abitur-Wissen Französische Literaturgeschichte	Best.-Nr. 94506
Kompakt-Wissen Abitur Wortschatz Oberstufe	Best.-Nr. 945010
Kompakt-Wissen Abitur Kurzgrammatik	Best.-Nr. 945011

Latein

Abitur-Wissen Lateinische Literaturgeschichte	Best.-Nr. 94602
Abitur-Wissen Römische Philosophie	Best.-Nr. 94604
Abitur-Wissen Prüfungswissen Latinum	Best.-Nr. 94608
Klausuren Latein Oberstufe	Best.-Nr. 106011
Kompakt-Wissen Abitur Basisautoren Oberstufe	Best.-Nr. 946010
Kompakt-Wissen Kurzgrammatik	Best.-Nr. 906011

Spanisch

Kompakt-Wissen Wortschatz Oberstufe	Best.-Nr. 945401

Erdkunde/Geographie

Geographie Oberstufe	Best.-Nr. 949098
Geographie 1 – Bayern	Best.-Nr. 94911
Geographie 2 – Bayern	Best.-Nr. 94912
Geographie – Baden-Württemberg	Best.-Nr. 84905
Geographie – NRW Grundkurs · Leistungskurs	Best.-Nr. 54902
Abitur-Wissen Entwicklungsländer	Best.-Nr. 94902
Abitur-Wissen Europa	Best.-Nr. 94905
Abitur-Wissen Der asiatisch-pazifische Raum	Best.-Nr. 94906
Abitur-Wissen GUS-Staaten/Russland	Best.-Nr. 94908
Kompakt-Wissen Abitur Erdkunde Allgemeine Geografie · Regionale Geografie	Best.-Nr. 949010
Kompakt-Wissen Abitur – Bayern Geographie Q11/Q12	Best.-Nr. 9490108
Lexikon Erdkunde	Best.-Nr. 94904

Politik

Abitur-Wissen Demokratie	Best.-Nr. 94803
Abitur-Wissen Sozialpolitik	Best.-Nr. 94804
Abitur-Wissen Die Europäische Einigung	Best.-Nr. 94805
Abitur-Wissen Politische Theorie	Best.-Nr. 94806
Abitur-Wissen Internationale Beziehungen	Best.-Nr. 94807
Kompakt-Wissen Abitur Grundlagen der nationalen und internationalen Politik	Best.-Nr. 948001
Kompakt-Wissen Abitur Grundbegriffe Politik	Best.-Nr. 948002

(Bitte blättern Sie um)

Geschichte

Geschichte 1 – Industrialisierung und Soziale Frage, Nationalstaatsgedanke und Nationalismus, Kaiserreich, Imperialismus, Erster Weltkrieg, Weimarer Republik, Nationalsozialismus und Zweiter Weltkrieg .... Best.-Nr. 84763

Geschichte 2 – Deutschland nach dem Zweiten Weltkrieg, die bipolare Welt nach 1945, der Umbruch in der DDR und die Wiedervereinigung, die europäische Einigung, Wendepunkte des 20. Jahrhunderts .... Best.-Nr. 84764

Geschichte 1 – Bayern
Gesellschaft im Wandel (15.–19. Jh.) · Demokratie und Diktatur – Probleme der deutschen Geschichte im 20. Jh. ... Best.-Nr. 947818

Geschichte 2 – Bayern
Historische Komponenten europäischer Kultur und Gesellschaft · Konfliktregionen und Akteure internationaler Politik in historischer Perspektive .... Best.-Nr. 947828

Geschichte 1 – Baden-Württemberg, Die demokratische und nationale Bewegung in der Auseinandersetzung mit dem Obrigkeitsstaat · Die Entwicklung der politischen Kultur im Kaiserreich und in der Weimarer Republik ..... Best.-Nr. 84760

Geschichte 2 – Baden-Württemberg
Die politische und gesellschaftliche Entwicklung in der BRD und in der DDR · Die bipolare Welt nach 1945 .... Best.-Nr. 84762

Geschichte 1 – NRW
Nationalstaatsgedanke und Nationalismus · Kaiserreich · Industrialisierung und Imperalismus · Erster Weltkrieg · Weimarer Republik und nationalsozialistische Diktatur .... Best.-Nr. 54761

Geschichte 2 – NRW
Deutschland nach dem Zweiten Weltkrieg · Die bipolare Welt nach 1945 · Der Umbruch in der DDR · Wiedervereinigung · Europäische Einigung · Wendepunkte des 20. Jahrhunderts ... Best.-Nr. 54762

Grundlagen, Arbeitstechniken und Methoden – Geschichte .... Best.-Nr. 94789

Abitur-Wissen Die Antike .... Best.-Nr. 94783

Abitur-Wissen Das Mittelalter .... Best.-Nr. 94788

Abitur-Wissen Französische Revolution .... Best.-Nr. 947812

Abitur-Wissen Die Ära Bismarck: Entstehung und Entwicklung des deutschen Nationalstaats .... Best.-Nr. 94784

Abitur-Wissen
Imperialismus und Erster Weltkrieg .... Best.-Nr. 94785

Abitur-Wissen Die Weimarer Republik .... Best.-Nr. 47815

Abitur-Wissen
Nationalsozialismus und Zweiter Weltkrieg .... Best.-Nr. 94786

Abitur-Wissen
Deutschland von 1945 bis zur Gegenwart .... Best.-Nr. 947811

Abitur-Wissen USA .... Best.-Nr. 947813

Abitur-Wissen Naher Osten .... Best.-Nr. 947814

Kompakt-Wissen Abitur Geschichte Oberstufe ..... Best.-Nr. 947601

Klausuren Geschichte Oberstufe .... Best.-Nr. 107611

Wirtschaft/Recht

Wirtschaft – Wirtschaftliches Handeln im Sektor Unternehmen · Wirtschaftliches Handeln im Sektor Ausland .... Best.-Nr. 84852

Betriebswirtschaft .... Best.-Nr. 94851

Wirtschaft – Bayern .... Best.-Nr. 94852

Abitur-Wissen Volkswirtschaft .... Best.-Nr. 94881

Abitur-Wissen Rechtslehre .... Best.-Nr. 94882

Kompakt-Wissen Abitur Volkswirtschaft .... Best.-Nr. 948501

Kompakt-Wissen Abitur Betriebswirtschaft .... Best.-Nr. 924801

Kompakt-Wissen
Rechnungswesen mit Bilanzanalyse .... Best.-Nr. 924802

Kunst

Abitur-Wissen Malerei · Plastik · Architektur .... Best.-Nr. 949618

Abitur-Wissen Werkerschließung .... Best.-Nr. 949628

Kompakt-Wissen Abitur Kunst .... Best.-Nr. 949601

Ethik

Abitur-Wissen Philosophische Ethik .... Best.-Nr. 94952

Abitur-Wissen Glück und Sinnerfüllung .... Best.-Nr. 94953

Abitur-Wissen Freiheit und Determination .... Best.-Nr. 94954

Abitur-Wissen Recht und Gerechtigkeit .... Best.-Nr. 94955

Abitur-Wissen Religion und Weltanschauungen ... Best.-Nr. 94956

Abitur-Wissen
Wissenschaft · Technik · Verantwortung .... Best.-Nr. 94957

Religion

Katholische Religion 1 .... Best.-Nr. 84991

Katholische Religion 2 .... Best.-Nr. 84992

Abitur-Wissen Jesus Christus .... Best.-Nr. 94978

Abitur-Wissen Die Frage nach dem Menschen ...... Best.-Nr. 94990

Abitur-Wissen Die Bibel .... Best.-Nr. 94992

Abitur-Wissen Christliche Ethik .... Best.-Nr. 94993

Erziehungswissenschaft

Erziehungswissenschaft
Zentralabitur 2011–2013 – NRW .... Best.-Nr. 54941

Erziehungswissenschaft
Zentralabitur ab 2014 – NRW .... Best.-Nr. 54942

Pädagogik/Psychologie

Pädagogik · Psychologie 1 .... Best.-Nr. 102482

Sport

Bewegungslehre · Sportpsychologie .... Best.-Nr. 94981

Trainingslehre .... Best.-Nr. 94982

Natürlich führen wir noch mehr Titel für alle Fächer und Stufen: Alle Informationen unter
www.stark-verlag.de

Bestellungen bitte direkt an:
STARK Verlagsgesellschaft mbH & Co. KG · Postfach 1852 · 85318 Freising
Tel. 0180 3 179000* · Fax 0180 3 179001* · www.stark-verlag.de · info@stark-verlag.de
*9 Cent pro Min. aus dem deutschen Festnetz, Mobilfunk bis 42 Cent pro Min.
Aus dem Mobilfunknetz wählen Sie die Festnetznummer: 08167 9573-0

Lernen · Wissen · Zukunft
STARK

22-VIT_GW